Les théories économiques

QUE SAIS-JE ?

Les théories économiques

PIERRE DELFAUD
Professeur de Sciences Economiques à l'Université de Bordeaux

Deuxième édition
16e mille

DU MÊME AUTEUR

Problèmes méthodologiques des comptes économiques de l'agriculture, Ed. Cujas, 1971.

Nouvelle histoire économique, t. 2 : Le XXe siècle (en collaboration avec Pierre Guillaume), Ed. Armand Colin, 1re éd. 1976, 3e éd. 1980 (traduit en espagnol).

Keynes et le keynésianisme, PUF, 1re éd. 1977, 4e éd. 1986 (traduit en espagnol, en portugais et en italien).

Espace régional et aménagement du territoire (en collaboration avec Joseph Lajugie et Claude Lacour), Ed. Dalloz, 1re éd. 1979, 2e éd. 1985.

Notions essentielles d'économie, Ed. Sirey, 1re éd. 1983, 2e éd. 1987.

ISBN 2 13 042512 7

Dépôt légal — 1re édition : 1986
2e édition : 1989, octobre

108, boulevard Saint-Germain, 75006 Paris

INTRODUCTION

1. **Théories et doctrines économiques.** — Même s'il est impossible de dissocier absolument les deux approches, l'évolution de la pensée économique peut être envisagée de deux manières. D'un point de vue doctrinal, on retracera l'enchaînement des courants et des écoles qui ne se bornent pas à constater et à expliquer les phénomènes économiques, mais qui les apprécient en fonction de conceptions éthiques et préconisent certaines politiques en conséquence. Sur le plan théorique, on se préoccupera uniquement d'élucider les mécanismes de l'activité économique, d'en déceler les rapports, de définir les concepts qui constituent autant d'instruments d'analyse dans une démarche scientifique. Un ouvrage de cette même collection était déjà consacré aux *Doctrines économiques*, par Joseph Lajugie (1) ; le présent volume en est le complément.

2. **Théories et méthodes économiques.** — Comme pour toute science, la méthodologie économique combine nécessairement approche inductive fondée sur l'observation des faits et approche déductive construite logiquement à partir d'un ensemble donné d'hypothèses. Aucune théorie ne peut prétendre

(1) « Que sais-je ? », n° 386, 1re éd. 1950, 13e éd. 1982 (cette dernière, mise à jour avec la collaboration de P. Delfaud).

être exclusivement fondée, ni sur la première : tout recueil de données nécessite au moins, en préalable, la définition de catégories pertinentes ; ni sur la seconde : même les propositions concernant le comportement rationnel d'un *Homo economicus* reposent sur l'introspection qui est déjà une première forme d'observation. Toutefois, la place faite à chacune de ces approches varie sensiblement suivant les auteurs et les écoles.

Ainsi, un premier courant a-t-il toujours privilégié la recension et la prise en compte du plus grand nombre possible de faits observés, par opposition à la formulation de lois analytiques, fondées sur la sélection d'un corps limité d'hypothèses de départ. Si les apports d'une telle démarche à la science économique ne sont pas négligeables, ils restent le plus souvent contingents à la réalité du moment. Aussi avons-nous délibérément choisi de ne pas en traiter dans les limites de cet ouvrage, qu'il s'agisse de l' « historisme » du siècle précédent (2), de l' « institutionnalisme » (3) au début du nôtre, ou des approches « structurales » contemporaines (4).

Dans les limites ainsi définies de « l'analyse éco-

(2) Développé pendant toute la deuxième moitié du XIXe siècle, principalement en Allemagne et en Autriche, avec les auteurs de la « première école historique » : W. Rosher, B. Hildebrand, K. Knies... puis de la « seconde école historique » : K. Bücher, W. Sombart, Max Weber, G. Schmoller, etc.

(3) Principalement américain à la suite de : Th. Veblen, W. C. Mitchell, J. Commons...

(4) Terme sous lequel on peut regrouper les auteurs qui s'attachent à décrire le fonctionnement et l'évolution du système économique comme produit d'un agencement de « structures » techniques, démographiques, culturelles, sociales, politiques, etc. tels par exemple Colin Clark et J. Fourastié concernant la répartition de la population active par secteurs et l'effet du progrès technique ; V. Leontief pour l'étude des relations interindustrielles et F. Perroux dans l'analyse des effets de domination ; W. N. Rostow sur les étapes de la croissance... et, de façon générale, la plupart des théoriciens du développement et de l'anthropologie économique.

nomique », nous avons retenu un ordre de présentation à peu près chronologique, comme dans le précédent volume consacré aux doctrines. Le but est de dégager les enchaînements essentiels, sans prétendre retracer une véritable « Histoire des théories », pour aider simplement à mieux comprendre la formation de la Science économique contemporaine.

3. **Le découpage retenu.** — En considérant que, jusqu'au milieu du XVIIIe siècle, les résultats sont encore trop limités et trop épars pour que l'on puisse véritablement parler d'une « théorie » économique, ce qui n'ignore pas les apports antérieurs, ceux des Mercantilistes en particulier, nous distinguerons successivement :

— une approche globale par le processus production-répartition-accumulation, développée à partir de 1750 et pendant plus d'un siècle ;
— une approche microéconomique par l'équilibre, qui caractérise le dernier quart du XIXe siècle, et a été sans cesse perfectionnée depuis lors ;
— une approche macroéconomique par la dynamique du déséquilibre, en partie concomitante de la précédente, du début de notre siècle jusqu'au keynésianisme dominant du second après-guerre ;
— les analyses contemporaines enfin, marquées par un effort incessant de reformulation, d'élargissement, d'approfondissement, voire d'un certain « retour aux sources ».

CHAPITRE PREMIER

APPROCHES GLOBALES PAR LE PROCESSUS PRODUCTION-RÉPARTITION-ACCUMULATION

La tentative de décrire et d'expliquer le fonctionnement du système économique saisi comme une totalité a été amorcée, dès la fin du XVIIe siècle, par William Petty qui a voulu donner une représentation quantifiée de l'économie anglaise de l'époque et de ses composantes sectorielles dans sa *Political Arithmetic*, parue en 1680. C'est pourquoi, sans doute, K. Marx a-t-il choisi de le présenter comme le « père » de l'économie politique. J. Schumpeter, pour sa part, attribuait plutôt ce rôle à Richard Cantillon dont l'*Essai sur la nature du commerce en général* (publié à titre posthume, en 1755) est une étude encore plus systématique de l'activité économique, centrée autour du rôle des entrepreneurs et de la répartition de la richesse produite entre les différentes « classes » de la société, préfiguration du *Tableau* de Quesnay. Mais c'est à ce dernier que revient d'avoir regroupé la première école d'économistes à proprement parler — le qualificatif est d'ailleurs créé à leur sujet — constituée par les Physiocrates, dont l'approche par le circuit sera au départ d'un perfectionnement de plus d'un siècle, passant par les Classiques et Marx.

Ces premières visions d'ensemble témoignent d'une continuité certaine en s'ordonnant chacune en un processus circulaire que l'on peut ramener à trois phases principales d'analyse théorique : de la production, de la répartition, de l'accumulation.

I. — Le circuit des Physiocrates

La « secte des économistes », comme l'on disait alors à la Cour de Versailles, comptait, outre François Quesnay — médecin de la Pompadour —, ses disciples : Mirabeau (père), Dupont de Nemours, Mercier de La Rivière, l'abbé Baudeau, Le Trosne... auxquels on peut encore ajouter les noms de Gournay et Turgot, bien que ces derniers aient occupé une position à part, en référence à « l'Ecole ». De leurs nombreux écrits, on retient surtout aujourd'hui ceux de Quesnay lui-même : les articles « Fermiers », « Grains », « Hommes », « Impôts » destinés à l'*Encyclopédie* (1756-1757) et surtout le *Tableau économique* de 1758 et ses commentaires ultérieurs, ainsi que de Turgot les *Réflexions sur la formation et la distribution des richesses* de 1766.

La vision des Physiocrates est fondamentalement celle du circuit, c'est-à-dire de l'interdépendance profonde de toutes les parties du système économique, agencées selon un « ordre naturel » qu'il convient de révéler, afin de mieux s'y soumettre pour le plus grand profit de tous.

1. **La production.** — Elle est le fait exclusif de la classe des agriculteurs (les « fermiers »), appelée pour cette raison par Quesnay : *classe productive* dans une conception naturaliste et « physiocratique » (au propre sens étymologique du terme). En effet, si l'on assimile la valeur et donc les richesses à la seule production physique, « l'homme ne peut pas créer de richesses matérielles ». Seule la nature est créatrice, la terre multipliant le produit au-delà des « avances » qui lui sont consenties,

alors que les autres activités : commerce, artisanat, industrie... ne font que transformer les biens sans les multiplier ; c'est pourquoi Quesnay regroupe globalement ces dernières sous le vocable de *classe stérile*.

Cette conception apparaîtra bientôt comme exagérément réductrice et contribuera au déclin des idées physiocratiques. Mais il en reste un apport théorique essentiel : la notion de détour de production ou, autrement dit, la prise en compte du rôle du capital dans le processus productif. En effet, à côté des deux facteurs de production déjà considérés par Petty ou Cantillon : la terre et le travail humain, Quesnay introduit les avances qu'il distingue d'ailleurs avec précision entre : avances foncières qui ne se renouvellent pas, ou seulement après de longs intervalles ; avances primitives qu'il faut régulièrement renouveler ; avances annuelles afférentes à chaque campagne de production. Il introduit même les avances souveraines, telles les dépenses publiques en matière de voirie et de grands travaux, source « d'économies externes », comme l'on dirait aujourd'hui.

Ainsi, dans son *Tableau économique*, si Quesnay évalue à cinq milliards le produit brut annuel du secteur agricole, le produit net, correspondant au « don gratuit » de la Nature, n'est que de deux milliards car il faut retrancher trois milliards d'avances nécessaires : deux milliards de produits agricoles utilisés par les fermiers eux-mêmes ; un milliard sous la forme de produits manufacturés, échangés avec la classe stérile, pour renouveler les avances primitives.

2. **La répartition.** — Le produit net est remis dans sa totalité par les fermiers à la *classe des propriétaires*. Les Physiocrates, qui appartiennent

pour la plupart à cette classe, n'y voient bien entendu aucune spoliation, mais la soumission à un « droit naturel » : le droit de propriété, lui-même justifié par la reconnaissance du rôle essentiel joué par les propriétaires qui ont permis la mise en valeur des terres et permettront encore d'accroître la production par les nouvelles avances foncières qu'ils auront consenties.

Ce produit net — de deux milliards donc dans les estimations de Quesnay — ne sera pas conservé par eux mais redistribué, d'où le qualificatif de *classe distributive* qui leur est également appliqué. Un milliard est en effet redépensé dans l'agriculture pour l'achat de subsistances et un milliard auprès de la classe stérile en produits manufacturés. Cette dernière n'a donc plus pour boucler le circuit qu'à dépenser, à son tour, le milliard correspondant en achats de subsistances et de matières premières à l'agriculture, assurant ainsi l'équilibre arithmétique du *Tableau*, suivant le schéma en *zigzag* d'origine.

3. **L'accumulation.** — Le processus décrit ci-dessus se reproduit à l'identique tant que les avances consenties sont simplement maintenues à leur niveau antérieur. Pour que la production puisse s'accroître — « s'élargir » comme l'on dira plus tard —, il faut que les avances soient portées à un niveau plus élevé : soit de la part des producteurs (avances annuelles et avances primitives), d'où la préférence de Quesnay pour la grande culture en fermage par opposition aux petites exploitations en métayage ; soit de la part des propriétaires eux-mêmes (avances foncières), qui sont invités à opérer un « retour à la terre » ; soit même de la part du monarque (avances souveraines), qui doit encourager l'agriculture.

Le rôle de l'investissement (ou accumulation) apparaît donc comme essentiel, et c'est ce qui conduit Turgot à développer une théorie du taux d'intérêt de facture très moderne : le taux d'intérêt prix du capital, ou comme il l'écrit : « thermomètre de l'abondance ou de la rareté des capitaux chez une nation et de l'étendue des entreprises de toutes espèces auxquelles elle peut se livrer ».

Ce sont là des acquis théoriques définitifs qui assurent aux Physiocrates une place indiscutable dans l'histoire de l'analyse économique, beaucoup plus solide et durable que celle qu'ils avaient conquise, de manière aussi brillante qu'éphémère, avec leurs propositions doctrinales de l'époque : laisser-faire au nom de l'ordre naturel ; impôt unique sur la production agricole par souci de simplification fiscale ; laisser-passer et libre-échange pour permettre des prix plus rémunérateurs en faveur des agriculteurs (les prix français étaient alors sensiblement plus bas que ceux en vigueur dans les pays voisins) ; soutien préférentiel à l'agriculture au détriment du commerce, de l'artisanat et de l'industrie... autant de points de leur programme, en rupture avec la tradition mercantiliste des décennies passées, faisant d'eux les précurseurs d'un nouvel ordre : *l'ordre libéral*, qui allait trouver avec les Classiques ses exégètes et avec K. Marx son critique.

II. — La dynamique grandiose des Classiques

« Dynamique grandiose », tel apparaît bien être l'aboutissement du schéma explicatif des Classiques, suivant l'expression célèbre de J.-W. Baumol. Ces derniers partagent en effet, sur l'essentiel, une même interprétation du capitalisme libéral, mais n'en constituent pas pour autant une « école » au propre sens du terme, en dépit du qualificatif commun que Karl Marx a trouvé commode de leur appliquer, globalement, pour démarquer sa propre démarche de la leur.

Ils ne pouvaient former une école, d'abord parce que leurs travaux se développant sur trois quarts de siècle, et donc plusieurs générations, n'auraient pu trouver l'unité que donne le regroupement autour d'un leader incontesté à la manière de Quesnay et des Physiocrates, ou plus tard de Marshall et de l'école de Cambridge. Ensuite, parce qu'aucun lieu significatif — telle une université — n'a contribué à réunir même ceux qui étaient contemporains, en dépit de quelques voyages et d'échanges de correspondance plus ou moins suivis. Enfin, parce que leurs analyses sont souvent divergentes : de la théorie de la valeur travail de Smith et Ricardo à celle de l'utilité de Say ou de S. Mill ; de la loi des débouchés de Say aux crises de sous-consommation de Malthus ; du processus d'expansion quasiment ininterrompu de Smith et de Say au blocage de la croissance chez Ricardo et S. Mill...

Il n'en reste pas moins une communauté réelle de pensée, plus doctrinale d'ailleurs (attachement à l'initiative privée et au libre-échange, donc au capitalisme libéral...) que théorique, car il y a plus que des nuances sur les différents concepts, même si la méthode d'ensemble demeure, héritée de la vision circulaire des Physiocrates. A cet égard, les œuvres les plus significatives sont les suivantes : L'*Essai sur la nature et les causes de la richesse des nations* d'Adam Smith, professeur à l'Université de Glasgow, puis administrateur des douanes, publié en 1776 ; Le *Traité d'économie politique* de Jean-Baptiste Say, industriel et universitaire français, dont la première édition paraît en 1803 ; L'*Essai sur le principe de population* (1798) et les *Principes d'économie politique* (1820) de Malthus, pasteur et professeur de son état ; Les *Principes de l'économie politique et de l'impôt* (1817) de Ricardo, banquier et logicien, à qui l'on doit le système d'exposition le plus rigoureux ; Les *Principes d'économie politique* de John Stuart Mill, employé de la Compagnie des Indes, qui ont constitué une synthèse de large diffusion à partir de 1848. A ces cinq grands noms on doit encore ajouter ceux de James Mill et J. R. Mac Culloch qui ont popularisé les idées ricardiennes, ainsi que celui de N. W. Senior souvent cité par J. S. Mill.

1. **La production.** — L'analyse de la production par les Classiques repose essentiellement sur les piliers suivants : la théorie de la valeur, la division du travail, la loi des débouchés et la théorie quantitative de la monnaie.

A) *La théorie de la valeur* a été une des questions les plus controversée du XIXe siècle et sera présentée comme la pierre de touche de la révolution marginaliste des années 1870. Mais au sein même de l'école classique, les hésitations ont été grandes, et la réponse est loin d'avoir été unitaire.

— *Smith et Ricardo* se sont engagés sur la voie d'une théorie objective de la valeur, recherchant au-delà de la valeur d'usage des biens (subjective et variable d'une situation à l'autre) les fondements d'une valeur d'échange acceptable par tous. Cette approche ne concerne d'ailleurs que les marchandises reproductibles et non « les choses dont la valeur ne dépend que de leur rareté » (Ricardo). Dans les limites ainsi précisées, la réponse apportée n'a pas la même netteté suivant les auteurs. Smith distingue le cas d' « un état primitif » où il existe un seul facteur de production : le travail. Le rapport de valeur de deux biens sera alors directement en proportion de la quantité de travail nécessaire pour les obtenir (exemple célèbre du chasseur qui aura deux fois plus de peine pour tuer un castor que pour tuer un daim, ce qui donne au castor la valeur d'échange équivalente à celle de deux daims). Mais dans une société plus avancée, il faudra aussi tenir compte du profit du capital et de la rente foncière incorporés dans chaque produit, en rémunération de l'accumulation des capitaux et de l'appropriation du sol réalisées par les capitalistes et les propriétaires fonciers. On est alors en présence non plus d'une théorie de la valeur-travail, mais simplement d'une expression du coût de production. Pour autant A. Smith n'abandonne pas le travail, sinon comme seule source de la valeur, du moins comme unité de mesure (numéraire), en proposant toujours d'exprimer la valeur des biens en termes de « travail commandé » ou, autrement dit, d'équivalent-salaire. *Ricardo* sera beaucoup plus absolu : dans toutes les situations — y compris les économies complexes — « Les quantités proportionnelles de travail nécessaires pour obtenir chaque objet paraissent offrir la seule donnée qui puisse conduire à poser une règle pour l'échange des uns contre les autres », à condition cependant de tenir compte « non seulement du travail immédiatement appliqué à leur production, mais encore du travail consacré aux outils, aux machines, aux bâtiments qui servent à les créer ». La valeur d'échange se ramène donc bien à une quantité de « travail incorporé » (direct ou indirect), même si Ricardo voit bien — mais en jugeant finalement la question négligeable — que des écarts puissent apparaître du fait du taux de profit intervenant sur les biens de production dont les délais d'utilisation sont plus ou moins longs, problème sur lequel on aura à revenir (cf. *infra*, p. 98).

— *Say* à l'inverse, suivant en cela une tradition déjà bien établie en France, notamment par Turgot (article « Valeurs et monnaie » de 1769) et Condillac (in *Le commerce et le gouvernement considérés relativement l'un à l'autre*, livre paru en 1776, s'en tient à la théorie subjective d'une « valeur-utilité », dont une formulation rigoureuse ne sera donnée qu'à la fin du siècle avec l'introduction concomitante de la rareté.

— *J. S. Mill*, enfin, ouvre la voie à la synthèse marshallienne ultérieure : le travail (ou plutôt le coût de production) est déterminant du côté de l'offre, tandis que l'utilité gouverne la demande, les variations de prix permettant de trouver une position d'équilibre. Pour les biens reproductibles, c'est finalement le premier qui lui paraît déterminant et la seconde pour les biens non reproductibles.

De ces réflexions foisonnantes sur la nature de la valeur, il ressort toutefois une attitude commune. La richesse produite va bien au-delà des limites fixées par les écoles antérieures : les métaux précieux dans la pensée mercantiliste, la seule production agricole chez les Physiocrates. Pour les Classiques anglais, il y a création de valeur dès que du travail est mis en œuvre aboutissant à la production de marchandises. Pour J.-B. Say, le champ est plus large encore : même les services sont productifs, puisqu'ils répondent à une utilité, et leur apport est mesuré par leur rémunération, telle celle des fonctionnaires, méthode d'évaluation qui n'est pas différente de celle des comptabilités nationales actuelles.

B) *La division du travail.* — De façon générale par conséquent, pour les Classiques, le processus de production s'analyse comme la combinaison de « services productifs » ou « facteurs de production » : le travail, la terre, le capital, auxquels on peut encore ajouter, avec J.-B. Say, la fonction spécifique de l'entrepreneur qui les met en œuvre.

Le produit obtenu sera d'autant plus élevé — la combinaison productive d'autant plus efficace, autrement dit — que la spécialisation des tâches, ou division du travail, sera plus poussée. *La richesse des nations* s'ouvre sur un chapitre célèbre, où Adam Smith décrit avec admiration les différentes phases techniques de fabrication dans un atelier d'épingles. Ici, la supériorité de la division du travail n'est pas démontrée mais seulement posée comme une vérité d'évidence. C'est dans l'analyse des relations internationales, par une généralisation du principe donc, que les Classiques vont en établir la démonstration formelle, à l'appui bien entendu de leur doctrine libre-échangiste.

Jusqu'à Ricardo, la réponse concernant le bien-fondé de la division du travail était triviale : si deux producteurs ont, dans la fabrication de deux produits, chacun *un avantage absolu* par rapport à l'autre, ils se spécialiseront dans la production pour laquelle ils sont le mieux placés et échangeront le surplus excédant leurs besoins. Comme l'écrivait A. Smith : « C'est la maxime de tout père de famille prudent de ne pas fabriquer à domicile ce qui lui coûtera plus cher à fabriquer qu'à acheter. » Mais qu'advient-il si un même producteur est le plus performant pour toutes les productions ?

La réponse de Ricardo est que, même dans ce cas, il y a intérêt à l'échange en fonction des *coûts comparatifs*. Son exemple est devenu « classique ». Si l'on considère que, dans la production de vin et de drap, le Portugal est plus efficace que l'Angleterre pour les deux produits — la fabrication d'une même quantité de drap nécessitant le travail de 80 hommes au Portugal et de 120 en Angleterre, tandis que celle d'une même quantité de vin en nécessite 90 au Portugal et 100 en Angleterre — dans ces circonstances, le Portugal aura avantage à se spécialiser dans le vin et à importer du drap et *vice versa* pour l'Angleterre ; le rapport d'échange se situera entre une unité de drap anglais pour $\frac{120}{100} = 1{,}2$ unité de vin portugais (soit le rapport d'échange interne préalable de l'Angleterre), tout l'avantage allant alors au Portugal, et une unité de drap anglais pour $\frac{80}{90} = 0{,}88$ (rapport d'échange interne préalable au Portugal), tout l'avantage allant alors à l'Angleterre. Comment sera déterminée la position d'equilibre entre ces deux limites ? Ricardo ne le précisait pas, se bornant à supposer que l'avantage serait partagé par moitié, soit, à partir de son exemple numérique : approximativement une unité de drap anglais pour une unité de vin portugais.

Stuart Mill allait ouvrir la voie d'une réponse possible avec sa *théorie des valeurs internationales*, en considérant, non plus seulement les conditions de l'offre (les coûts comparés), mais l'intensité (« l'élasticité » en termes modernes marshalliens) des demandes. Ainsi le partenaire qui bénéficiera des conditions de l'échange les plus favorables sera celui dont les marchandises seront relativement les plus désirées ou, en d'autres termes, celui dont l'élasticité de la demande par rapport aux prix de l'autre sera la plus faible. Dans l'échange international, cette situation lui paraissait aller au profit du pays le plus pauvre, dont la demande serait moins intense ; alors qu'aujourd'hui on considère plutôt que des exportations de produits primaires, assorties d'une élasticité-prix plus faible que celle des importations de produits manufacturés, contribuent à dégrader la position relative des pays sous-développés.

C) *La loi des débouchés et la théorie quantitative de la monnaie.* — Il peut apparaître au premier abord surprenant de traiter des débouchés dans une section consacrée à la théorie de la production. Mais c'est précisément parce que le système classique — Malthus mis à part — donne la prééminence à l'offre sur la demande, à la production sur ses emplois : consommation et accumulation, qu'il n'est pas arbitraire de procéder ainsi. D'autre part, regrouper théorie quantitative de la monnaie et loi des débouchés, comme il est courant de le faire depuis Keynes, a pour justification qu'il s'agit là de deux approches théoriques d'un même principe : la neutralité de la monnaie sur la production.

— Si l'on part en effet *de la loi des débouchés* — dont l'intuition et les formulations ramassées : « C'est la production qui crée une demande pour les produits » (reformulée par Keynes en : « L'offre crée sa propre demande »), « les produits s'échangent contre les produits », « la monnaie n'est qu'un voile »... plus que la démonstration rigoureuse, sont l'apport essentiel de J.-B. Say à l'analyse classique — il apparaît que seules les conditions de la production importent, dans la conception dominante. Les déterminants du niveau d'activité tiennent en effet à la disponibilité des facteurs de production (population à même de travailler, quantité de terre, capital accumulé) et à l'esprit d'entreprise découlant des perspectives de profit, non à l'existence d'une demande préalable.

Le raisonnement des Classiques est en effet fondamentalement mené en *termes réels*, d'où l'expression « la monnaie n'est qu'un voile ». Toute production est donc nécessairement échangée (donc troquée plus qu'achetée) contre une autre production. Autrement dit, si à l'échelle microéconomique il est difficile de concevoir que les services productifs (travail, terre, capital) sont directement rémunérés à partir de ce qu'ils ont contribué à produire, il en est bien ainsi d'un point de vue macroéconomique, et la demande globale n'est pas autre chose que l'offre globale qui a été répartie entre salariés, propriétaires fonciers et capitalistes. Si des désajustements partiels, excès temporaire d'un produit, pénurie d'un autre, sont toutefois susceptibles de se révéler, ils seront résorbés en application de la loi de l'offre et de la demande par des variations de prix relatifs : en baisse dans la première situation, en hausse dans la seconde, suivant les mécanismes explicitement décrits par J. S. Mill.

Faute de rompre avec cette conception en termes réels, où la monnaie n'intervient pas, les objections de Malthus sur la possibilité de crises de sous-consommation par insuffisance de la demande ouvrière et d'excès d'épargne de la part des capitalistes, ne peuvent pas apparaître logiquement fondées mais, tout au plus, comme une anticipation du principe de la demande effective qui sera présentée un siècle plus tard par Keynes.

L'offre globale trouve donc nécessairement devant elle une demande globale d'un égal montant parce que la monnaie est *neutre* en ce qui concerne les ajustements réels de l'économie : niveau de la production, prix relatifs, etc. Dans une approche que l'on a qualifiée de « dichotomique », la monnaie n'a en effet pour fonction que d'être un numéraire et un intermédiaire des échanges, non une réserve de valeur. Le résultat d'une variation de la quantité de monnaie — ou de sa vitesse de rotation (de circulation), ce qui revient au même, comme l'avait déjà montré Cantillon, après Petty et Locke — est alors purement nominal en n'agissant que sur le niveau général des prix.

— C'est là l'essence de *la théorie quantitative* suivant laquelle la monnaie est sans effet sur les conditions internes d'une économie mais n'en joue pas moins, conformément aux « automatismes ricardiens », un rôle essentiel dans les ajustements internationaux des balances de paiement. Dans un système métalliste où l'émission de monnaie est, en application du *currency principle*, directement proportionnée aux réserves d'or — qui servent elles-mêmes à régler le solde des échanges extérieurs — un pays à balance des paiements excédentaire connaîtra un accroissement de ses réserves et, par suite, de la quantité de monnaie en circulation. Il en résulte une hausse du niveau général des prix intérieurs provoquant un accroissement des achats et un ralentissement de ventes à l'étranger, facteur de rétablissement de l'équilibre. Le même processus de rééquilibrage automatique s'applique bien entendu dans le cas inverse : celui d'un pays à balance des paiements déficitaire, avec une parfaite symétrie.

Ce mécanisme autorégulateur de l'échange international est, sans doute, le plus fascinant de toute la construction classique et explique pourquoi l'attachement aux principes de l'étalon-or a été si vivace jusqu'à la crise des années trente. Mais si, dans son ensemble, la théorie classique de la production apparaît ainsi plutôt optimiste, il n'en est plus de même dès que l'on aborde celle de la répartition, deuxième temps de l'analyse.

2. **La répartition.** — Nous arrivons là au cœur même de l'approche classique, au point que l'on a pu dire du système ricardien qu'il n'était « qu'une théorie de la répartition ». Théories du salaire rému-

nérant le travail, de la rente récupérée par les propriétaires fonciers, du profit et de l'intérêt allant aux capitalistes en sont les trois catégories de base.

A) *La théorie du salaire.* — Elle présente en fait deux versions complémentaires :

— La première, de court terme, déjà formulée par A. Smith, a surtout été popularisée par J. S. Mill : c'est la théorie dite du *fonds des salaires*. La masse salariale est considérée comme prédéterminée par le montant des capitaux accumulés par les capitalistes pour engager le processus de production, autrement dit par l'épargne de ces derniers. Les revenus des deux classes ne sont donc pas antagonistes mais complémentaires, car découlant l'un de l'autre.

— La seconde, de long terme (ou tendancielle), est celle du *salaire naturel*, établie par Malthus et Ricardo. Le travail est une marchandise comme les autres et a donc un coût de production (ou mieux : de « reproduction » comme l'écrira Marx) qui correspond au minimum nécessaire à l'entretien de l'ouvrier et de sa famille. Si l'on admet, conformément aux principes de Malthus, que la natalité s'élève avec le niveau de vie (contrairement au constat fait plutôt aujourd'hui), le salaire naturel est nécessairement ramené au minimum vital par la concurrence de travailleurs en nombre accru. Proposition qui sera récupérée, sur le plan doctrinal, par les écoles socialistes et débouchera sur la formulation par Lassalle, en 1863, de la *loi d'airain des salaires* : « Le salaire moyen ne dépasse jamais ce qui est indispensable, conformément aux habitudes nationales, pour entretenir l'existence des ouvriers. »

B) *La théorie de la rente.* — Dans une filiation inspirée de la Physiocratie, la rente foncière était encore considérée par A. Smith et Malthus comme le « don gratuit » de la nature récupéré par les propriétaires fonciers en vertu de leur pouvoir (légitime) de monopole dans la détention de la terre. Mais Malthus entrevoyait déjà que ce don gratuit variait d'une propriété à l'autre suivant les différences de fertilité.

C'est ce constat qui allait conduire Ricardo à formuler de façon définitive le principe de la *rente différentielle*, généralisée par J. S. Mill de la terre à tous les facteurs rares. Dans l'agriculture, parce que la terre est limitée, les rendements sont décroissants. Qu'il s'agisse en effet de mettre en culture de nouvelles terres, les plus fertiles ayant été occupées les premières, ou d'intensifier l'exploitation de terres déjà cultivées, le produit net obtenu décroît au regard des quantités du travail et de capital engagées par les fermiers. La progression des besoins alimentaires, liée à l'accroissement de la population, nécessite donc une élévation continue du prix des récoltes pour couvrir des frais de production croissants. Comme, du fait de la concurrence, les prix qui s'établissent sur le marché sont uniques, les meilleures terres bénéficient d'un gain différentiel, récupéré par les propriétaires qui sont en position d'exiger des loyers de la terre plus élevés, prélevés sur les profits des fermiers ; telle est donc l'essence de la rente foncière.

C) *Le profit et l'intérêt.* — Troisième et dernière catégorie de revenu pour les Classiques, le profit et l'intérêt du capital sont en fait indifférenciés, même chez J.-B. Say qui distingue pourtant la fonction d'entrepreneur de celle des simples apporteurs de capitaux. Les intérêts servis sur les fonds empruntés ne sont en effet que l'expression monétaire du profit réalisé grâce à leur mise en œuvre. Comme à propos de la loi des débouchés, on retrouve ici l'approche en termes réels des Classiques : les capitaux sont un ensemble de biens reproductibles et, d'un point de vue physique, l'épargne (la mise de côté au détriment de la consommation d'une certaine quantité de produits) et l'investissement (la réutilisation de ces mêmes produits dans le processus productif) sont une seule et même réalité.

De façon générale, le profit (ou l'intérêt) est la part de la richesse produite (le prélèvement sur la valeur, comme disait A. Smith) qui revient aux entrepreneurs capitalistes. Dans la théorie la plus élaborée — encore une fois celle de Ricardo —, le profit est une différence entre le total de la valeur créée, mesuré comme on l'a vu par le travail direct et indirect mis en œuvre, et la part allant aux salariés pour assurer leur entretien (tendanciellement : le minimum vital), ainsi qu'aux propriétaires fonciers en vertu de la rente différentielle. On peut l'exprimer comme un taux : supplément de produit obtenu par rapport au montant des capitaux engagés et considérer alors que, sous l'effet de la concurrence, une péréquation des taux de profit s'opère d'une activité à l'autre.

Cette théorie se suffit à elle-même et l'on peut faire ici l'économie des discussions doctrinales sur la justification du profit : récompense de l'esprit d'entreprise (J.-B. Say) ou de « l'abstinence » que constitue tout acte préalable d'épargne (J. S. Mill, après N. W. Senior). L'important est seulement de saisir que le profit est bien au centre de la dynamique capitaliste : celle de l'accumulation.

3. **L'accumulation.** — Si l'on considère, à juste titre, la vision classique comme la première théorie du capitalisme c'est que, d'Adam Smith à John Stuart Mill, le rôle essentiel de l'accumulation du capital est mis en avant. Le cycle accumulation-profit-accumulation apparaît ainsi comme le moteur du système.

Depuis *La richesse des nations*, le capital accumulé est d'ailleurs distingué — toujours dans une approche réelle — entre capital fixe conservé par l'entrepreneur d'un cycle de production à l'autre (machines, bâtiments, etc.) et capitaux circulants consommés pendant le cycle de production. Ces derniers, dans une conception large qui reflète le mieux l'approche classique (explicitement exposée par J. S. Mill), incluent, outre les matières premières, les biens avancés pour assurer l'entretien des ouvriers, autrement dit le fonds des salaires. On retrouve la conception des avances de Quesnay, mais généralisée à l'ensemble du processus productif. Le montant des capitaux accumulés détermine seul le niveau de la production, puisque le chiffre de la population se règle, par le jeu de la mortalité et de la natalité, sur le fonds des salaires. Le processus de développement du système pourrait donc apparaître infini (à la manière de J.-B. Say) s'il n'y avait pas la rareté du facteur naturel dont l'expression est la rente foncière.

C'est par là que la « dynamique grandiose des Classiques » tend vers une limite — suivant l'analyse de Ricardo —, limite désignée par J. S. Mill sous l'expression à succès « d'état stationnaire ». La démonstration est simple. La valeur totale de la production est directement en proportion du travail direct et indirect mis en œuvre. La part qui va aux salariés correspond aux subsistances qui sont nécessaires à leur entretien. Comme la production de ces dernières, du fait de la quantité limitée de terre, se fait à rendement décroissant, elle absorbe une part croissante du produit total, au fur et à mesure que s'élargit l'échelle de la production pour nourrir une population plus nombreuse. C'est ce que traduit, formulé autrement, *la loi de Malthus* : « La population s'accroît plus vite que les ressources alimentaires. » Par différence, la part des profits diminue donc nécessairement tandis que, corrélativement, la progression des rentes foncières absorbe seule le bénéfice de la hausse des prix des denrées alimentaires.

C'est un résultat logique et de portée générale. Dans un processus de production à deux facteurs : la terre et le travail (le capital étant assimilable à du travail indirect), du fait de la limitation du premier (la terre), les rendements sont décroissants et le surplus obtenu tend à s'amortir, à mesure que s'élève l'échelle de production.

Il n'y a, dans cette vision, aucun catastrophisme. Le système cessera de se développer lorsque des perspectives quasiment nulles de profit supplémentaire décourageront toute accumulation nouvelle. Il faudra seulement que la population reste également stationnaire, ce qui devrait d'ailleurs spontanément se produire par un processus naturel de régulation (mortalité, natalité et niveau de subsistance) à condition qu'aucune mesure intempestive du type « loi d'assistance aux pauvres », dénoncée par Malthus, ne vienne perturber l'équilibre population-ressources. Pour Ricardo et ses successeurs, de toute manière, le système capitaliste n'en est pas encore à ce point limite. Le progrès technique d'une part, qui peut encore permettre des gains agronomiques, et surtout l'ouverture des frontières aux produits agricoles venus du Nouveau Monde où les ressources foncières sont encore loin d'avoir été épuisées sont en mesure de retarder les échéances. On retrouve là les justifications doctrinales à l'appui du libre-échange et de la suppression des droits sur les entrées de blé pour lesquels militeront, à leur suite, R. Cobden et l' « *Anti-Corn Laws League* ».

Si la pensée économique classique est pessimiste, suivant l'expression consacrée, c'est donc pour mieux appuyer de telles propositions. On va retrouver la même attitude chez Marx : la mise en évidence des contradictions du capitalisme ne le conduit pas à prôner la patience auprès de la classe ouvrière, en attendant que le système s'effondre de lui-même (car les échéances sont pour lui, comme pour les

Classiques, dans un long terme indéterminé), mais à appeler tous les prolétaires à l'union et à l'action révolutionnaire suivant la doctrine initiale du *Manifeste*.

III. — Les contradictions du capitalisme dans l'économie politique de Marx

Il ne s'agit pas ici de traiter du marxisme en général, du point de vue de la philosophie sociale (1) mais, en restant sur le seul terrain de la théorie économique — démarche que l'on pourra juger fort réductrice, comme pour d'autres auteurs, tel Pareto —, de présenter l'analyse que fait Karl Marx du processus production-répartition-accumulation, dans le mode de production capitaliste, en prolongement direct de l'économie politique ricardienne. Les ouvrages de référence sont donc moins le *Manifeste du Parti communiste*, rédigé avec F. Engels en 1848, que la *Critique de l'économie politique* de 1859 et, plus encore, *Le Capital* dont le premier tome paraît en 1867, les autres étant publiés, à titre posthume, par les soins d'Engels, en 1885 et 1894.

1. **La production.** — Le mode de production capitaliste est fondamentalement caractérisé par la production de marchandises. On retrouve la distinction de Ricardo entre biens reproductibles — qui forment le cas général — et non reproductibles (œuvre d'art, vin de qualité, etc., facteurs naturels, ajoute Marx) — qui sont l'exception. Si dans l'échange de marchandises existantes il n'y a nul mystère, le cycle marchandises-argent-marchandises (M-A-M) ne faisant que traduire la transmission de valeurs égales entre les échangistes, le processus de production demande, par contre, à être élucidé. Le cycle argent-marchandises-argent (A-M-A') qu'il décrit, aboutit en effet à une création de va-

(1) Ce qui est l'objet d'un autre titre de cette même collection par Henri Lefèvre : Le marxisme, 20e éd. 1983.

leurs, le montant de A′ (produit obtenu) étant supérieur à celui des capitaux engagés A.

Ces derniers se décomposent en deux parts : le « capital constant », correspondant à l'utilisation des machines et des matières premières, et le « capital variable » qui sert à avancer les salaires à la main-d'œuvre. Dans *une théorie de la valeur-travail*, directement reprise de Ricardo, le premier correspond donc à un paiement du travail indirect, le second à un paiement du travail direct. Le capital constant — d'où son nom — ne procure aucun surplus au capitaliste qui le met en œuvre, en ne faisant que répercuter la valeur en travail qu'il contient (les capitalistes qui l'ont produit en ont déjà tiré profit). Le capital variable, par contre, est la seule source de la valeur créée et cette dernière est directement proportionnée au temps de travail, simple ou complexe (multiple du précédent, pour tenir compte de l'investissement en formation, comme l'on dit aujourd'hui), nécessaire socialement (2) à la production des marchandises. La valeur totale du produit obtenu A′ est donc en proportion de la quantité de travail théorique ou — « travail abstrait » — qui a été nécessaire pour le produire.

La force de travail utilisée n'est pas payée par le capitaliste au prorata de la valeur qu'elle a contribué à créer (ce qui correspondrait à sa valeur d'usage) mais, marchandise comme les autres, à sa valeur d'échange qui, conformément à la théorie du minimum vital, correspond au temps de travail exigé pour produire les subsistances nécessaires à sa reproduction. Suivant l'exemple célèbre de Marx, si six heures de travail suffisent en moyenne pour produire l'équivalent du minimum de subsistance nécessaire à l'entretien journalier de l'ouvrier et de sa famille, le salaire payé, autrement dit le capital variable avancé, s'établira sur cette base. Mais si la journée effective de travail du salarié est de dix ou douze heures, la valeur créée sera, elle, en proportion de ces dix ou douze heures de temps de travail et le capitaliste récupérera à son profit la différence qui constitue *la plus-value*, encore désignée par « surtravail » au regard du « travail nécessaire » à la reproduction de la force de travail elle-même.

On comprend donc pourquoi A (le montant du capital avancé) est inférieur à A′ (le produit obtenu), l'un et l'autre mesurés en temps de travail, A′ excédant A du montant

(2) C'est-à-dire : en moyenne, dans les conditions courantes de production.

de la plus-value. Avec une autre écriture, toujours inspirée de Marx lui-même :

$$A = c + v \quad (c = \text{capital constant} ; v = \text{capital variable})$$

et $$A' = c + v + pl \quad (pl = \text{plus-value}).$$

Le taux de plus-value : pl/v, rapport du surtravail au travail nécessaire, exprime l'intensité des rapports d'exploitation du salarié (le prolétaire qui vend sa force de travail) par le capitaliste (le détenteur des moyens de production) ; tandis que le taux de profit : $pl/(c + v)$ mesure le gain obtenu par ce dernier, en référence au montant total du capital engagé.

2. **La répartition.** — Dans le schéma marxiste, la répartition de la valeur produite se ramène donc fondamentalement à un partage salaires/profits.

— *Les salaires*, comme dans la conception classique de longue période, sont toujours tendanciellement ramenés vers le minimum vital. Mais ce n'est plus pour Marx en raison du rapport natalité-niveau de vie, qu'il critique vivement dans la version de Malthus, mais en raison d'un chômage permanent — et croissant, comme on le verra ci-dessous — inhérent au processus d'accumulation capitaliste lui-même.

— *Les profits*, mesurés en termes de valeur, sont donc la somme des plus-values. Différence entre le travail total mis en œuvre et le travail nécessaire, ils peuvent être globalement augmentés de deux manières : soit en allongeant la durée effective de la journée de travail — recherche de la « plus-value absolue » — si c'est encore possible et tolérable ; soit en diminuant le temps de travail nécessaire pour produire l'équivalent du minimum de subsistance — recherche de la « plus-value relative » —, ce qui revient pour l'essentiel à trouver des productions agricoles meilleur marché (par le progrès technique, en pesant sur la paysannerie, ou en s'adressant à l'étranger ce qui serait l'une des justifications des conquêtes coloniales et de l'impérialisme). Une troisième possibilité existe encore, mais seulement à l'échelle microéconomique d'une entreprise particulière : c'est de fabriquer, grâce à des procédés techniques plus performants que ceux des concurrents, une plus grande quantité de produits pendant un même temps de travail. Cette « plus-value différentielle », comme on pourrait proposer de l'appeler (Marx l'incluant également sous l'expression de plus-value relative ou de « surprofit »), disparaîtra lorsque, l'innovation s'étant généralisée sous l'effet de la concurrence entre producteurs, le prix de vente aura été abaissé jusqu'au nouveau « prix de production ».

La notion de prix de production, que nous n'avons pas encore rencontrée jusque-là, est utilisée par Marx pour tenter d'expliquer comment une péréquation des profits s'établit entre les producteurs. Si les prix étaient directement proportionnés aux valeurs, la plus-value (source du profit) n'étant sécrétée que par le capital variable, le taux de profit serait inversement proportionnel au montant du capital constant engagé. Autrement dit, à quantité égale de travail direct employé, le capitaliste utilisant les moyens techniques les plus élevés obtiendrait le taux de profit le plus faible, ce qui non seulement apparaîtrait paradoxal mais découragerait l'accumulation, en parfaite contradiction avec le processus que Marx entend démontrer. La solution apportée à cette « grande contradiction » repose sur la transformation des valeurs en prix. Marx n'a pas pu en apporter la démonstration formelle — problème abondamment repris par la littérature théorique contemporaine — mais s'est borné à suggérer que, sous l'effet de la concurrence, les prix de production dérivent des valeurs, de façon qu'ils soient plus élevés au regard de ce qu'ils devraient être de par leur seul contenu en travail pour les produits fortement capitalistiques (au sens moderne du terme), et plus bas pour ceux qui utilisent une moindre proportion de capital constant. Ainsi, le profit global restant bien égal à la somme des plus-values, les taux de profits sont aussi égalisés, quelles que soient les techniques de production, les hausses de prix dans les branches plus capitalistiques que la moyenne étant compensées par des baisses équivalentes dans les branches moins capitalistiques (cf. *infra*, p. 100).

— *Les intérêts et les rentes* enfin sont considérés, dans le schéma marxiste, comme une sorte de répartition au second degré prélevée sur les profits, ici encore en continuité avec la théorie classique. Les premiers dépendent seulement de facteurs monétaires, sans loi propre de détermination, qui reflètent les rapports de force entre producteurs capitalistes et usuriers. Les secondes s'expliquent à la fois par la théorie ricardienne de la rente différentielle, mais aussi par l'existence « d'une rente absolue » payée, même pour les moins bonnes terres, en vertu d'un pouvoir de monopole des propriétaires fonciers. Les prix de la terre, qui ne peuvent exprimer une valeur d'échange en termes de temps de travail, découlent des grandeurs précédentes par capitalisation de la rente au taux d'intérêt courant. Ainsi, suivant l'exemple habituel, un hectare de terre qui se loue 100 F (montant de la rente) se vendra normalement 2 000 F si l'intérêt courant est de 5 %, 1 000 F si l'intérêt est de 10 %, etc.

3. **L'accumulation.** — Comme c'était déjà le cas dans la vision classique, c'est avec la théorie de l'accumulation que l'on arrive au terme de ce que l'on peut appeler la démonstration de Marx. Il s'agit, au bout du compte, de mettre en évidence la contradiction interne fondamentale du mode de production capitaliste, cause finale de la crise du système. Cette crise n'est pas à trouver dans une crise des débouchés et au contraire Marx, dans ses schémas de reproduction, montre quelles sont les conditions d'équilibre, d'où l'on peut tirer — tout au plus — l'explication de désajustements passa-

gers. La crise générale vient de la tendance continue à substituer du capital constant à du capital variable, ce qui a pour effet, à la fois, de provoquer une baisse tendancielle du taux de profit (crise économique) et une montée du chômage (crise sociale).

A) *Les schémas de reproduction.* — Ce sont, dit en termes modernes, des modèles multisectoriels de croissance équilibrée. Ils reposent sur la décomposition de l'économie nationale en deux grands secteurs (ou sections) : le premier produisant les biens de production, le second les biens de consommation.

Dans la section I, la valeur de la production est égale à $c_1 + v_1 + pl_1$ (soit la somme du capital constant, du capital variable et de la plus-value) et de la même façon à $c_2 + v_2 + pl_2$ dans la section II.

— *Dans la reproduction simple* (où le processus se reproduit à l'identique, sans élargissement de la production, comme dans le *Tableau* initial de Quesnay), la seule condition d'équilibre du système est que la production annuelle de biens de production (section I) assure le renouvellement du capital constant engagé soit : $c_1 + v_1 + pl_1 = c_1 + c_2$; et donc, simultanément, que la production de biens de consommation (section II) soit égale aux revenus dépensés des salariés (v) et des capitalistes (pl), soit :

$$c_2 + v_2 + pl_2 = (v_1 + v_2) + (pl_1 + pl_2).$$

Condition qu'après simplification dans les deux équations on peut écrire : $c_2 = v_1 + pl_1$.

— *Dans la reproduction élargie*, l'échelle de production s'accroît avec le réinvestissement net d'une partie de la plus-value réalisée. Si l'on note, dans chaque secteur, dc la part de la plus-value réutilisée pour accroître le capital constant, dv pour accroître le capital variable et du celle qui est dépensée en biens de consommation, l'équilibre de la production de biens de production s'écrit :

$$c_1 + v_1 + \overbrace{dc_1 + dv_1 + du_1}^{pl_1} = (c_1 + dc_1) + (c_2 + dc_2)$$

et de la production de biens de consommation :

$$c_2 + v_2 + \overbrace{dc_2 + dv_2 + du_2}^{pl_2} = (v_1 + dv_1 + du_1) + (v_2 + dv_2 + du_2).$$

Ce qui, après simplification dans les deux équations, donne :

$$v_1 + dv_1 + du_1 = c_2 + dc_2.$$

Ce sont ces « proportions » que doit respecter le système pour rester en équilibre (reproduction simple), ou connaître une croissance équilibrée (reproduction élargie). Marx n'explique pas formellement comment on y parvient, mais suggère — puisque la solution existe — que ce sera par tâtonnements (d'où les crises passagères de surproduction), grâce au taux de profit qui joue un rôle de régulateur interne. S'il y a insuffisance de production dans un secteur, et donc corrélativement excès dans un autre, les prix de marché s'élèveront dans le premier et s'abaisseront dans le second, modifiant les taux de profit, ce qui induira un transfert de capital de l'un vers l'autre, rétablissant les proportions d'équilibre.

B) *La modification de la composition organique du capital.* — La cause d'une crise « générale » du système doit donc être trouvée ailleurs. Son processus a déjà été évoqué à propos de ce que nous avons appelé plus haut la recherche de la plus-value différentielle. Les capitalistes sont individuellement poussés à la recherche d'innovations technologiques qui leur donnent un avantage temporaire sur leurs concurrents. Pour ce faire, ils substituent des machines (capital constant) à la main-d'œuvre (capital variable), modifiant donc la proportion de c à v, que Marx appelle « composition organique du capital ». Par là, et considéré cette fois globalement, les capitalistes vont à leur perte et le système vers une crise générale.

La plus-value n'étant, comme on l'a vu, sécrétée que par l'utilisation de travail direct dont la part diminue dans la composition organique du capital total engagé, le taux de profit : $pl/(c + v)$ diminue nécessairement. Pour contrecarrer cette évolution, les capitalistes doivent être plus agressifs, à la fois, dans le renforcement des rapports d'exploitation internes (accroissement du temps de travail ou des cadences, etc.) et dans la recherche de nouvelles marges externes de croissance (d'où l'impérialisme, sur lequel insisteront, plus tard, Lénine ou Rosa Luxemburg). Mais la « baisse tendancielle du taux de profit » n'en est pas moins à terme (même lointain) inexorable, affaiblissant économiquement le système qui a de plus en plus de mal, faute de profit et donc de réserves en capital suffisantes, à surmonter les crises périodiques de désajustement. On pourrait alors concevoir la marche à une sorte d'état stationnaire à la manière des Classiques. Mais ce serait oublier que Marx ne fait pas sienne la théorie du réglage de la population sur le niveau des subsistances. En conséquence, la substitution continue de capital constant au capital variable ne cesse d'accroître le chômage, et c'est de la montée de cette « armée de réserve des travailleurs » que vont naître les germes d'une rupture, non plus seulement économique, mais sociale, dans le système. D'où l'appel à l'organisation révolutionnaire pour précipiter le renversement du mode de production capitaliste et l'apparition d'un âge nouveau : celui du « communisme ».

On atteint là les limites de l'approche théorique de Marx, puisqu'il n'y a pas d'analyse des mécanismes économiques du système futur. L'organisation de l'économie collectiviste reste donc à imaginer, à la manière des utopies, chères à cette seconde moitié du XIXe siècle.

Mais la voie ouverte par les Physiocrates d'une approche circulaire d'ensemble suivant le processus production-répartition-accumulation se déroulant entre les différentes classes de la société paraît, alors, avoir été logiquement menée jusqu'à son terme par Ricardo et Marx, sur la base de la théorie de la valeur-travail. C'est pourquoi un nouveau départ va être donné à l'analyse économique par une véritable rupture méthodologique. On ne considérera plus des catégories sociales agrégées et distinctes : les salariés, les capitalistes, les propriétaires fonciers, mais des comportements individualisés : celui du consommateur, du producteur, de l'épargnant auxquels chaque individu est alternativement confronté... Autrement dit, à une vision globalisante, va être substituée une approche que l'on qualifiera plus tard (R. Frisch, dans les années trente) de *micro-économique*, où systématiquement sera utilisé le raisonnement à la marge — d'où l'expression de *marginalisme* — pour dégager de nouvelles conditions d'équilibre du système, à partir d'une théorie de la valeur en termes d'utilité-rareté.

Chapitre II

APPROCHES MICROÉCONOMIQUES PAR L'ÉQUILIBRE

Cette méthode d'approche n'est « nouvelle », à partir du dernier quart du XIXe siècle, que par sa généralisation et son caractère désormais dominant.

Nombreux sont, en effet, les précurseurs à l'avoir utilisée dans le siècle précédent mais, de façon si isolée, qu'ils n'avaient pu percer sous le poids des analyses classique et marxiste. Ils devront être redécouverts, exercice favori de toute histoire de la pensée économique. Ainsi en est-il, en se limitant aux noms principaux, d'Augustin Cournot (*Recherches sur les principes mathématiques de la théorie des richesses*, 1838) et Arsène-Jules Dupuit (*De la mesure d'utilité des travaux publics*, 1844) en France ; de Johan Heinrich von Thünen (*L'Etat isolé en ce qui concerne l'agriculture et l'économie nationale*, 1826) et Herman Heinrich Gossen (*Développement des lois des relations humaines...*, 1854) en Allemagne — ou encore de John Rae (*Exposé de nouveaux principes en économie politique...*, 1834) en Nouvelle-Angleterre...

Il faudra attendre la parution presque simultanée, bien que les phases de maturation aient été plus ou moins longues, des trois ouvrages des « fondateurs » pour que cette nouvelle approche commence à s'imposer : les *Grundsätz... (Principes d'économie)* de Carl Menger à Vienne, en 1871 ; la *Théorie de l'économie politique* de William Stanley Jevons à Londres, en 1871 également ; les *Eléments d'économie politique pure* de Léon Walras à Lausanne, en 1874 et 1877.

A partir de là, les travaux qui vont former le corps d'analyse théorique, que l'on appellera plus tard *néo-classique*, explosent littéralement dans différentes universités (les économistes sont désormais pratiquement tous des professeurs) :

— à *Vienne*, avec, dans une première génération, E. von Böhm-Bawerk (*Théorie positive du capital*, 1889) et F. von Wieser (*De la valeur naturelle*, 1889) puis, plus tard (sans que l'on puisse, ici, citer tous les ouvrages importants) : H. Mayer, Fr. von Hayek, O. Morgenstern, L. von Mises, P. N. Rosenstein-Rodan... ;
— à *Lausanne*, grâce à Vilfredo Pareto (*Manuel d'économie politique*, 1906) et avec lui, « L'école italienne » : M. Pantaleoni, E. Barone, L. Einaudi... ;
— à Cambridge, autour du « maître » Alfred Marshall (*Principes d'économie politique*, 1880), avec F. Y. Edgeworth et P. H. Wicksteed et à leur suite : A. C. Pigou, L. Robbins, R. G. Hawtrey, D. H. Robertson, J. Robinson, auxquels on doit encore ajouter les noms de l'Italien P. Sraffa et de l'Américain E. Chamberlin... sans oublier J. M. Keynes (à ses débuts), et J. R. Hicks (*Valeur et capital*, 1939), ce dernier à Oxford ;
— à *Stockholm*, avec Knut Wicksell (*Intérêt et prix*, 1898) et ses disciples G. Myrdal, E. Lindhal, B. Ohlin, E. Lundberg... ;
— dans *les universités américaines*, aussi, même si l'on ne peut trouver aux Etats-Unis une école à proprement parler, avec des auteurs tels John Bates Clark (*Distribution de la richesse*, 1899), Irving Fisher (*Théorie de l'intérêt*, 1907 et 1930, F. H. Knight (*Risque, incertitude et profit*, 1921), F. W. Taussig (*Le commerce international*, 1923)... ou encore R. G. D. Allen (*Analyse mathématique pour les économistes*, 1938) et, pour une ultime synthèse, P. A. Samuelson (*Fondements de l'analyse économique*, 1947) ;
— en *France* enfin, où, sans qu'il y ait eu de regroupement particulier, la théorie marginaliste a été popularisée d'Adolphe Landry (*Manuel d'économique*, 1908) à François Perroux (*La valeur*, 1945).

Mais, en dépit de la diversité des écoles et de la multiplicité des auteurs, l'analyse néo-classique frappe avant tout par son *unicité*. C'est pourquoi il est pratiquement impossible d'attribuer à tel auteur, ou groupe d'auteurs, la paternité unique de l'un ou l'autre des résultats avancés, sauf à vouloir se livrer à une sorte de jeu de piste érudit à travers l'abondante littérature théorique qui a été produite sur plus d'un demi-siècle. De façon synthétique, l'approche microéconomique par l'équilibre peut être décomposée en trois phases principales d'analyse :

— une théorie nouvelle de la valeur, à partir de laquelle le raisonnement marginaliste conduit à dégager les conditions de l'équilibre du consommateur et du producteur ;
— une théorie des équilibres partiels, décrivant le processus d'ajustement des offres, des demandes et des prix, sur les différents marchés ;
— une théorie de l'équilibre général et de l'optimum pour une économie d'échange, couronnement du système néo-classique.

Si cette dernière est essentiellement imputable à l'école de Lausanne (sans oublier toutefois les apports d'Edgeworth), et la seconde à l'école de Cambridge, la première est issue des réflexions initiales de l'école de Vienne mais en dépasse largement les limites.

I. — La nouvelle théorie de la valeur et ses implications sur le calcul économique

Rompant avec la théorie de la valeur-travail, les écoles néo-classiques se sont engagées dans une approche du système économique fondée sur la prise en compte du comportement individuel des différentes catégories d'agents : pour le consommateur, en termes d'utilité et de désutilité marginales ; pour le producteur, en termes de productivité et de coût marginaux. En raisonnant, de cette façon, sur *la dernière unité disponible (marginalisme)*, la démarche est toujours la même : utiliser au mieux les ressources dont on dispose pour « maximer » un avantage, ou « minimer » un coût, suivant un calcul rationnel. On débouche ainsi sur une nouvelle définition de la science économique ; non plus science des richesses ou de l'échange marchand, mais : « science qui étudie le comportement humain en tant que relation entre des fins et des moyens rares à usage alternatif » (Lionel Robbins).

1. **L'équilibre du consommateur.** — Le consommateur, relégué au second plan dans les théories antérieures, où son rôle était subordonné à un écoulement nécessaire de la production (loi de Say), retrouve avec l'approche néo-classique sa « souveraineté ». C'est de son appréciation que dépend la détermination des valeurs face au couple « utilité-rareté ». C'est de ses choix que découle la demande de produits ; mais aussi l'offre de facteurs de production dont il est le détenteur.

A) *L'utilité marginale décroissante et le calcul du consommateur.* — Dès l'ouvrage de Gossen, on trouve exprimée la nouvelle théorie de la valeur qui sera popularisée par Jevons, mais plus encore par Menger et l'école autrichienne, et formulée le plus explicitement par Marshall : « L'utilité marginale d'une chose pour une personne diminue avec toute augmentation de la quantité qu'elle en possède déjà. » C'est la première loi (dite de « saturation des besoins ») d'où dérive immédiatement la seconde, en corollaire, que l'on peut écrire, à la suite de J. A. Schumpeter : « Afin de tirer la satisfaction maximale d'un bien quelconque apte à satisfaire des besoins différents, un individu doit le répartir entre ses différents usages de manière à rendre égales ses utilités marginales dans chacun d'eux. »

Cette première *règle du consommateur* peut être expliquée, de façon simplifiée et purement logique, comme suit. Si un consommateur dispose d'une ressource en quantité limitée (donc rare) — par exemple une certaine somme d'argent — il choisira de l'affecter à tel ou tel usage en fonction des utilités qu'il en retire. Tant qu'en déplaçant sa dépense entre deux emplois alternatifs il améliore sa satisfaction totale, il n'a pas atteint sa « position d'équilibre ». Cela ne sera le cas que lorsque le dernier franc affecté à chaque usage lui apportera le même supplément de satisfaction ; autrement dit quand, compte tenu des prix relatifs, les utilités marginales dans les différents emplois alternatifs seront égales. C'est ce que l'on peut traduire arithmétiquement par les rapports suivants : $U'_x/p_x = U'_y/p_y = U'_z/p_z, \ldots$, où les U′ désignent l'utilité marginale retirée des biens x, y, z et les p leurs prix relatifs. La règle d'équilibre s'énonce alors ainsi : « L'optimum du consommateur est atteint lorsque l'assortiment des biens consommés est tel que leurs *utilités marginales pondérées par leurs prix respectifs soient égales.* »

Formellement ce résultat peut être obtenu de deux manières. Soit directement à partir d'un tableau de chiffres, comme le faisaient Jevons, Menger ou encore Marshall, ce qui suppose que les utilités soient mesurables : *utilités cardinales.* Soit en admettant seulement que les utilités sont classables dans un ordre de préférence : *utilités ordinales*, suivant le traitement introduit par Pareto — qui parlait alors « d'ophélimité », plutôt que d'utilité, pour enlever toute connotation utilitariste à l'analyse. Pour ce faire, en raisonnant sur un assortiment de deux biens seulement, Pareto a été amené à définir des « courbes d'indifférence » (dites encore d'iso-utilité). Ces courbes, concaves vers l'origine des axes en application des lois de Gaussen, traduisent différents niveaux de satisfaction (échelle ou « carte » de préférences), mais constants le long d'une même courbe. Ultérieurement, J. R. Hicks a proposé de désigner par « taux marginal de substitution des produits » le supplément de quantité d'un bien nécessaire pour compenser la perte d'utilité consécutive à la diminution de la quantité consommée d'un autre bien ;

soit, avec les notations précédentes : $-dy/dx$ (1). On retrouve alors la règle du consommateur en démontrant que l'on ne peut plus accroître la satisfaction de ce dernier par substitution de y à x lorsque : $-dy/dx = U'_x/U'_y = p_x/p_y$, ce qui ramène bien aux rapports précédents $U'_x/p_x = U'_y/p_y$.

B) *La demande de produits.* — A l'échelle individuelle, la demande d'un produit découle directement de cette règle du consommateur. Le problème se ramène à choisir entre deux biens : un produit A et la monnaie, ou « numéraire », M.

Ce choix, comme on vient de le voir, dépend du rapport des utilités marginales des deux produits en cause (ici : U'_A/U'_M) et de leurs prix relatifs (ici : p_A/p_M). Comme, par définition, $p_M = 1$, p_A ne dépend que du rapport des utilités marginales U'_A et U'_M ; Marshall faisait alors l'hypothèse que l'utilité marginale de la monnaie était « constante ou pratiquement constante » — ce qui est fort discutable, dix francs supplémentaires n'ayant pas la même valeur suivant le revenu total dont on dispose. Avec cette hypothèse forte, l'utilité marginale du bien A n'est plus mise en relation qu'avec le seul prix de A. Comme l'utilité marginale est décroissante, le consommateur n'achètera du bien A que si le prix de ce dernier s'abaisse. Réciproquement, si ce prix s'élève, il réduira ses achats. La décroissance des courbes de demande (algébriquement : $D_a = F(P_a)$ avec $d\,D_a/dP_a < 0$) était donc « formellement » démontrée. On retrouve, ce faisant, une formulation déjà utilisée par Cournot, près d'un demi-siècle auparavant, mais non justifiée par lui car reconnue comme vérité d'évidence.

Cette vérité d'évidence n'a d'ailleurs été plus rigoureusement démontrée que par Hicks et Allen, à l'aide de courbes d'indifférence et, sous une autre forme, par Samuelson, en termes de « préférence révélée » (par les comportements d'achat). Avec la première méthode, il s'agit de décomposer les conséquences de la variation d'un prix entre un « effet de substitution » et un « effet-revenu », suivant une terminologie déjà utilisée par E. Slutsky dans un article paru en 1916. La baisse de prix d'un produit — *à revenu égal* — ne peut jamais entraîner de la part du consommateur rationnel

(1) Ce qui correspond, par construction, à la dérivée de la courbe d'indifférence correspondante.

une diminution de la consommation de ce produit par substitution en direction d'un autre produit (2), c'est ce que l'on traduit par : « L'effet de substitution ne peut jamais être négatif. » Mais précisément, la baisse d'un prix affecte le revenu du consommateur (l'enrichit). Sa structure de consommation est alors modifiée, soit en faveur, soit au détriment, du produit en cause (effet de revenu positif ou négatif).

Dans l'approche de Samuelson, plus simplement, la question est posée en termes « d'élasticité de la consommation par rapport au revenu ». Dans le cas normal, où l'on retrouve bien entendu la conclusion de Marshall, la consommation du produit varie dans le même sens que le revenu. Mais la situation inverse est concevable : produits délaissés au-delà d'un certain niveau de vie (biens dits inférieurs) ou, réciproquement, en cas de hausse de prix cette fois, produits de première nécessité qui vont absorber seuls les disponibilités du consommateur. C'est l'exemple célèbre de *Giffen*, soulignant qu'une hausse du prix des pommes de terre, en Irlande, entraînait l'accroissement de la consommation de ces dernières chez les plus pauvres, qui n'avaient plus alors assez d'argent pour acheter d'autres produits alimentaires. On ne peut donc prévoir avec certitude si l'effet de revenu (négatif) l'emportera ou non sur l'effet de substitution (positif).

Dans le cas normal, cependant, on peut considérer les courbes de demande individuelle comme ayant toutes une pente négative, et donc admettre que la demande globale, somme des précédentes, sera aussi en relation inverse du prix. Suivant quelle intensité, sensibilité, « réponsivité » (en traduisant littéralement le terme anglais *responsivness*), c'est ce que, depuis Marshall, on apprécie grâce au concept *d'élasticité de la demande par rapport au prix* : $\Delta D_a/D_a \big/ \Delta P_a/P_{a'}$ exprimant la variation relative de la demande du produit *a* en fonction inverse de la variation relative de son prix p_a ; outil devenu d'usage courant tant dans l'analyse théorique qu'en économie appliquée.

(2) Sauf « effet de snobisme » à l'égard de produits plus coûteux, souligné par Veblen.

C) *L'offre de facteurs.* — Le consommateur est aussi un apporteur de facteurs de production : le travail de la part des salariés potentiels ; le capital de la part des épargnants, dans une économie de propriété privée. Le raisonnement est identique aux précédents, en termes d'utilité mais aussi de « désutilité » marginales.

— *Pour l'offre de travail*, la formulation d'origine remonte à Jevons. Ce dernier considérait que le travailleur rationnel doit comparer le gain qu'il retire de son travail (donc son salaire, apprécié en termes d'utilité des biens pouvant être acquis) et la pénibilité (ou désutilité) enregistrée en contre-partie. L'équilibre est trouvé lorsque l'utilité marginale du travail (le supplément de satisfaction obtenu grâce à lui), considérée comme décroissante, est juste compensée par la désutilité marginale du travail (la fatigue ou la peine supplémentaire ressentie) considérée, elle, comme croissante. La question qui se pose alors est de savoir quelle sera la réaction d'un travailleur devant une hausse de son salaire horaire. Travaillera-t-il plus ? L'accroissement de revenu obtenu justifiant un effort supplémentaire (hypothèse de Marshall) ; ou moins ? L'augmentation horaire étant mise à profit non pour accroître son revenu mais pour réduire sa peine (hypothèse de Knight, entre autres).

La formulation logique de ce problème, importante en vue de préciser la pente de la courbe d'offre de travail qu'il est nécessaire de connaître pour analyser les mécanismes d'ajustement du marché de l'emploi, a été ultérieurement apportée par L. Robbins, reconnaissant l'existence d'une courbe d'offre de travail « en Z ». Tout dépend de « l'élasticité de la demande de revenu en termes d'effort ». Si elle est supérieure à 1, cas considéré comme normal dans la partie centrale de la courbe, correspondant donc aux revenus moyens, l'offre de travail sera directement proportionnelle au taux de salaire. Si elle est inférieure à 1, cas « atypique » que l'on rencontre aux deux extrémités de la courbe, la relation est inverse : pour les hauts revenus, on peut alors considérer que le comportement rationnel est de choisir plutôt des loisirs supplémentaires qu'une hausse de rémunération ; pour les bas salaires, de maintenir constant un niveau de revenu considéré comme le minimum nécessaire (le salaire horaire s'abaissant, il faudra travailler plus pour maintenir les ressources de la famille).

A l'aide de courbes d'indifférence, un traitement graphique plus explicite peut être donné de la question (exercice familier des manuels de microéconomie), suivant la méthode de Hicks-Slutsky exposée précédemment. En ramenant le problème à celui d'un choix entre deux biens particuliers : le loisir (travailler moins) et le revenu (travailler plus), une hausse du taux de salaire engendre un effet de substitution en faveur du travail et un effet de revenu favorable au loisir.

— *Pour l'offre de capital*, le raisonnement est toujours similaire. La question de départ a été formulée comme suit : pourquoi doit-on dédommager celui qui se borne à prêter ses capitaux (sans les mettre en œuvre lui-même) ou, autrement dit, pourquoi l'épargne a-t-elle un prix ? Les réponses ont été différentes, dans la forme, mais tournent autour du même principe. John Rae, dès 1834, avançait la proposition suivant laquelle, ainsi que l'écrit J. A. Schumpeter : « La disponibilité immédiate d'un objet lui donnera, dans notre évaluation, un avantage décisif sur un objet exactement semblable qu'on s'attend à obtenir à une date future, même si cette perspective est parfaitement certaine. » A. Marshal, rejetant le mot de Senior jugé trop utilitariste, parlait, à propos de l'acte d'épargne, non plus « d'abstinence » mais « d'attente ». Böhm-Bawerk franchira un pas de plus en proposant l'expression de « dépréciation du futur », que Fisher reprendra à son compte sous le terme « d'impatience ». Toutes ces formulations, plus ou moins heureuses, traduisent une même hypothèse de comportement : pour le consommateur-épargnant, *le temps a un prix*. Consommer aujourd'hui, ou demain (acte d'épargne), n'est pas indifférent car il existe une « préférence pour le présent ». Il y a donc une désutilité dans le fait d'attendre, et cette désutilité se monnaye.

Ici encore, à la suite d'I. Fisher, on pourra apporter un traitement graphique explicite de la question à l'aide de courbes d'indifférence, sous le nom d' « équilibre intertemporel du consommateur ». A l'équilibre, le taux d'intérêt (promesse d'un revenu supplémentaire, et donc d'une consommation différée accrue) doit compenser le coût psychologique de la renonciation temporaire à consommer. C'est donc *directement du niveau du taux d'intérêt que découle le partage du revenu entre épargne et consommation*, position fondamentale de la théorie néo-classique qui sera ultérieurement contestée par Keynes.

Au total donc, on voit que l'offre de facteurs de production dépend de la désutilité du travail et de l'épargne, ce qui en détermine le *coût réel de production*, suivant l'expression de Marshall : « Somme de toutes les désutilités impliquées directement ou indirectement dans la production d'une marchandise. »

2. **L'équilibre du producteur.** — Tout à fait symétrique de celui conduit précédemment, le raisonnement est alternativement conduit en termes de productivités marginales des facteurs de production demandés, ou de coûts marginaux des produits offerts en contrepartie. Dans l'un et l'autre cas, la détermination de l'équilibre du producteur peut être réduite à la prise en compte d'un seul facteur de production ou d'un seul produit, dans une approche marshallienne dite de « courte période » et « d'équilibre partiel ».

A) *La demande de facteurs de production.* — Elle repose sur le choix d'une combinaison productive où les facteurs de production sont employés en fonction de leur rémunération respective et de leur productivité marginale. Ces productivités marginales sont mesurées par le supplément de produit obtenu avec l'utilisation d'une unité additionnelle de chaque facteur considéré. Par généralisation de l'analyse ricardienne de la rente, du fait de la rareté, les productivités marginales sont considérées comme étant finalement décroissantes, ce qui maintient le parallèle avec les raisonnements en termes d'utilité.

La première application du principe a été faite par von Thünen, cherchant à dégager les conditions logiques qui peuvent pousser un salarié agricole à s'installer à son compte sur une nouvelle exploitation par la comparaison de son gain salarial antérieur et du profit supplémentaire qu'il pourrait lui-même obtenir. Menger, dans son analyse de la circulation des valeurs a introduit la proposition suivant laquelle la valeur d'un produit, qui dépend seulement de son utilité marginale du point de vue des consommateurs, se répartit — « s'impute » comme diront von Wieser, puis J. B. Clark — entre les biens de production, au prorata de leur productivité marginale, ces derniers ayant donc une « valeur dérivée ». Mais la voie d'analyse la plus féconde sera celle de Walras et de Wicksteed en termes de *fonction de production* d'où sont issues les présentations actuelles.

— *Dans le cas général*, la première règle du producteur, symétrique de celle du consommateur, est formulable logiquement comme suit. Si, pour un coût donné, un producteur peut disposer de plusieurs facteurs de production alternatifs (par exemple, et pour simplifier : *du* travail et *du* capital), il choisira de les combiner en fonction du résultat qu'il obtient. Aussi longtemps qu'en substituant un facteur à un autre il accroît sa production, il n'a pas atteint la position d'équilibre. Cela ne sera le cas que lorsque la dernière unité de chaque facteur de production utilisé lui rapportera un produit identique ; ce qui revient à dire que, compte tenu des rémunérations respectives, les productivités marginales sont alors égales. Soit arithmétiquement : $Q'_a/p_a = Q'_b/p_b = Q'_c/p_c \ldots$, où les Q' désignent les productivités marginales des facteurs a, b, c, et les p leurs rémunérations relatives (autrement dit : leurs prix). La règle d'équilibre s'énonce donc ainsi : « L'optimum du producteur est atteint lorsque la combinaison des facteurs de production est telle que *leurs productivités marginales pondérées par leurs prix respectifs soient égales.* »

— *Dans le cas particulier de la courte période*, suivant la démarche d'A. Marshall, seule la quantité de travail est en mesure de varier, les délais étant insuffisants pour modifier la capacité de production. Les rendements étant considérés comme décroissants (3), la règle du producteur est alors formulée plus simplement encore : « L'emploi sera accru tant

(3) Dans les hypothèses complètes de la théorie néo-classique, les rendements sont d'abord croissants (économies d'échelle dans la production), puis décroissants du fait de la rareté des facteurs disponibles. Les courbes représentatives des productivités moyennes : Q/F (Q est la quantité produite, F celle du facteur utilisé), et marginale : dQ/dF sont donc des courbes en « cloche », qui se coupent au maximum de la productivité moyenne. En effet, cette dernière augmente tant que la productivité marginale lui est supérieure (toute unité supplémentaire de facteur utilisée ayant une productivité supérieure à la moyenne élève celle-ci) et, symétriquement, décroît lorsque la productivité marginale lui devient inférieure (cf. graphique 2, p. 51).

qu'une unité supplémentaire de travail rapportera plus qu'elle ne coûte », autrement dit : « tant que sa productivité marginale sera supérieure à son coût marginal ». Ce résultat est généralisable à toute analyse *d'équilibre partiel* où un seul facteur est considéré, les autres étant supposés rester en quantité constante.

B) *L'offre de produits.* — Réciproquement, l'équilibre du producteur peut être abordé en cherchant quelle est la règle optimale pour choisir de fabriquer telle ou telle quantité de produits à partir des facteurs disponibles, compte tenu des prix et rémunérations respectifs. C'est là une illustration du *principe de dualité*, permettant de passer d'une structure mathématique à une autre qui lui corresponde (ici, de la fonction de production à la fonction de coût) et de transposer les résultats obtenus — par maximation dans le premier, par minimation dans le second — de l'un vers l'autre. Cette méthode, depuis les travaux de H. Hotelling (1932), a été étendue à l'analyse de la demande sous le nom de « fonction d'utilité indirecte », et plus généralement encore, constitue une des bases de la programmation mathématique et donc de la théorie du calcul économique et de la planification.

— *Le cas particulier de l'équilibre partiel* (un seul produit est considéré) a été étudié le premier, toujours par A. Marshall, à partir des courbes de coût de la « firme représentative », prise comme modèle de référence. Les coûts étant croissants (4), la règle du producteur consiste à pousser la production tant qu'une unité supplémentaire produite coûtera moins qu'elle ne rapporte, autrement dit : « tant que son coût marginal sera inférieur à sa recette marginale » ; ce qui suffit à établir

(4) Ainsi que nous l'avons souligné, dans la note précédente, les coûts sont considérés comme étant d'abord décroissants, puis croissants. Les courbes représentatives sont donc des courbes « en U » et la courbe de coût marginal : dC/dQ (C est le coût total, Q la quantité produite) coupe la courbe de coût moyen : C/Q au minimum de cette dernière (cf. graphique 1, p. 51).

l'offre d'un produit comme une fonction croissante de la recette marginale, donc de son prix de vente.

— *Le cas général* (production de plusieurs produits) n'a été abordé que par Pareto, comme préalable à l'analyse des conditions de l'échange, et perfectionné, après lui, par les théoriciens néo-classiques du commerce international (en particulier, dans les années trente, G. von Haberler et A. Lerner). Le raisonnement repose, toujours en parallèle avec l'analyse des choix du consommateur, sur la construction de courbes appelées à l'origine : « Courbes d'indifférence de production » ou « de transformation » et que la terminologie actuelle désigne par : *Courbes de possibilités de production*, rendant compte des différents assortiments possibles de production de deux biens y et x que l'on peut obtenir à partir d'une dotation donnée en facteurs de production disponibles.

L'équilibre est atteint lorsque le « taux marginal de transformation des produits » (dit encore « coût marginal de substitution des produits » ou « coût d'opportunité » de la production de y mesurée en termes de x) est égal à l'inverse du rapport de leurs coûts marginaux de production et du rapport de leurs prix relatifs, soit : $-dy/dx = c'_x/c'_y = p_x/p_y$; d'où l'on tire finalement $c'_x/p_x = c'_y/p_y$, ce qui s'énonce : « L'optimum du producteur est atteint lorsque l'assortiment des biens produits est tel que *leurs coûts marginaux pondérés par leurs prix respectifs soient égaux.* »

L'optimum du producteur comme celui du consommateur sont ainsi logiquement déterminés. En confrontant offres et demandes qui en découlent, il est maintenant possible d'analyser les ajustements conduisant à des équilibres partiels sur les différents marchés.

II. — L'ajustement des marchés et les équilibres partiels

Ce second temps fort de l'analyse néo-classique renvoie de manière explicite aux travaux d'Alfred Marshall et de l'école de Cambridge, à qui l'approche en termes *d'offre et de demande*, dans la voie ouverte par John Stuart Mill, est presque en totalité imputable, s'appliquant aux marchés des produits, des facteurs, ou — de façon plus particulière — au marché de la monnaie.

1. **Le marché des produits.** — Aux deux modèles de base proposés par Marshall, la concurrence et le monopole, sont venus s'ajouter, après les années trente, ceux de « la concurrence imparfaite » (Joan Robinson) : qu'il s'agisse de la concurrence monopolistique définie par E. Chamberlin, sur des voies ouvertes par P. Sraffa, ou de l'analyse des situations intermédiaires constituées par les stratégies d'entente et d'affrontement des oligopoles ; question qui avait déjà retenu l'attention de Cournot, près d'un siècle auparavant, et devait faire l'objet de l'approche nouvelle de J. von Neumann et O. Morgenstern, en termes de théorie des jeux.

A) *L'équilibre en concurrence.* — *A court terme*, cet équilibre s'établit très simplement à l'intersection de la courbe de demande (décroissante) et d'offre (croissante). Au prix d'équilibre ainsi déterminé, l'offre est égale à la demande. Si tel n'est pas le cas :

— ou bien c'est que le prix du marché est plus élevé que le prix d'équilibre et l'offre supérieure à la demande engendrant un excédent de produit qui sera résorbé, soit par une baisse des prix (ajustement « walrasien »), soit par une adaptation des quantités (ajustement « marshallien ») ;
— ou bien c'est que le prix du marché est moins élevé que le prix d'équilibre et l'offre inférieure à la demande, engendrant une pénurie de produit qui sera résorbée par des ajustements inverses des précédents.

Toute variation de prix conduit donc, en baisse ou en hausse, à un déplacement sur la courbe de demande, ce qui correspond à un *surplus* (positif ou négatif) du consommateur permettant de mesurer approximativement (5) l'accroissement ou la réduction de sa satisfaction. Cette méthode d'approche par le surplus (ou « la rente ») du consommateur, déjà utilisée implicitement par Dupuit dans son essai de mesure de l'utilité des travaux publics, est au point de départ des recherches sur « l'économie du bien-être » (cf. *infra*, p. 103).

— *A plus long terme*, cet équilibre offre/demande n'est pas quelconque au regard de la théorie marshallienne. Il tend en effet, en situation de concurrence pure et parfaite (6), vers une position stable, déterminée par le minimum du coût moyen de production, situation où ne subsiste ni profit résiduel (susceptible d'attirer de nouveaux producteurs et donc d'accroître l'offre) ni perte (susceptible de provoquer le mouvement inverse) : point E sur le graphique 1, correspondant au prix P_e. C'est ce qui justifie la position célèbre d'A. Marshall sur la « réconciliation » des théories de la valeur : à court terme, la demande est déterminante (donc l'utilité marginale du consommateur) ; à long terme, l'offre (donc le coût de production). Mais il ne faut pas oublier que ce dernier est alors apprécié, non pas en termes ricardiens de minimum de subsistances nécessaires, mais en termes néo-classiques de somme de désutilités du travail et de l'épargne.

B) *L'équilibre en situation de monopole.* — Il n'y a plus, par hypothèse, qu'une seule firme offreuse sur le marché. En conséquence, la demande totale

(5) En supposant toujours constante l'utilité marginale de la monnaie, comme le faisait Marshall.

(6) Définie par les cinq conditions suivantes : atomicité des offres et des demandes (aucun participant n'est suffisamment important pour influencer à lui seul les conditions du marché) ; homogénéité des produits ; libre entrée sur le marché de nouveaux concurrents ; parfaite mobilité des facteurs de production entre firmes ; transparence du marché (= information parfaite).

est la demande au monopole, déterminant en tous points de la droite correspondante le prix de vente unitaire, autrement dit : la recette moyenne, pour chaque unité produite (graphique 1).

De cette droite de recette moyenne, le monopole peut déduire sa droite de recette marginale (rapport d'une unité supplémentaire vendue) qui, si l'on raisonne pour simplifier sur des droites, a une pente double de la précédente (7).

En appliquant la règle : « On accroît la production tant qu'une unité supplémentaire produite rapporte plus (la recette marginale) qu'elle ne coûte (le coût marginal) », le monopoleur choisira sur la courbe de coût marginal la position C'_1. En ce point, la quantité produite sera Q_1 et trouvera à s'écouler au prix P_1, correspondant à la position R_1 sur la droite de demande. Le monopole réalisera alors un profit moyen par unité produite $C_1 R_1$ et un profit total égal à la surface du rectangle $A_1 C_1 R_1 P_1$.

Par rapport à ce qui ce serait passé dans les conditions stables de la concurrence (position E), les prix ont été majorés de P_e à P_1 et les quantités produites réduites de Q_e à Q_1, ce qui, en application de la théorie néo-classique, suffit à prouver la nocivité du monopole pour les consommateurs par rapport à la concurrence.

C) *La concurrence monopolistique.* — Sous cet intitulé, à première vue paradoxal, Chamberlin prend en compte la situation, jugée plus réaliste, où il existe toujours un grand nombre de vendeurs (concurrence), mais où chacun d'eux a réussi à s'attacher une clientèle particulière (monopole) par *différenciation* de ses produits : cf. la publicité de marque. Autrement dit, des hypothèses qui définissent la situation de concurrence pure et par-

(7) Si la recette moyenne R_M est de la forme $R_M = -aQ + b$, la recette totale $R_T = R_M . Q = -aQ^2 + bQ$, et donc la recette marginale (dérivée de la précédente) R_m est égale à :

$$R_m = R'_T = dR_T/dQ = -2aQ + b\ ;$$

$(-a)$ et $(-2a)$ sont bien les pentes respectives de la droite de recette moyenne et de la droite de recette marginale.

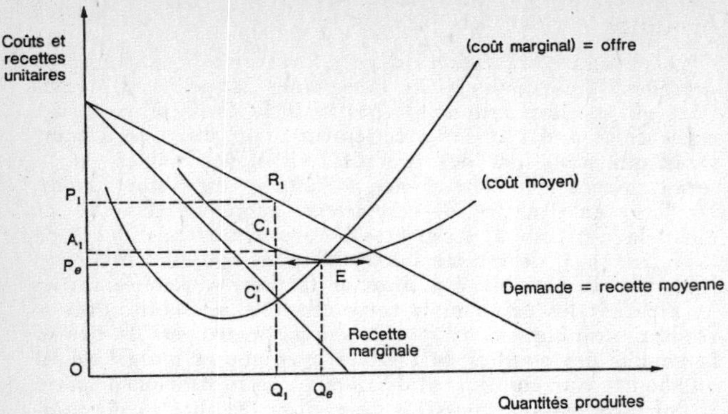

Graphique 1. — Equilibre du marché des produits en situation de monopole

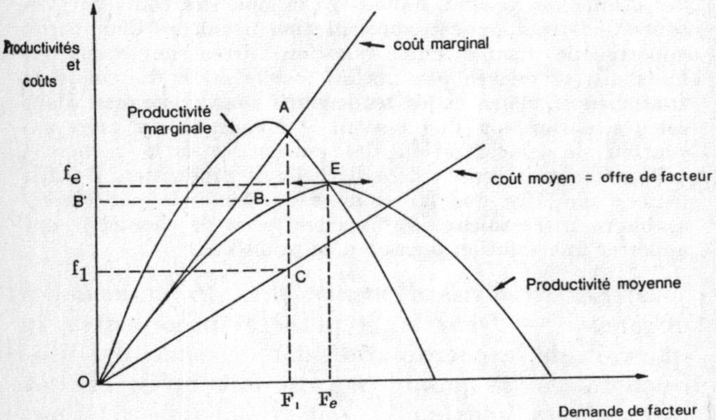

Graphique 2. — La demande de facteur de production en régime de monopsone

faite, on ne retient plus celle d'homogénéité des produits.

Le raisonnement est, au départ, identique à celui du cas précédent (monopole) pour déterminer la position d'équilibre qui rende maximum le profit de la firme. Mais l'existence de ce profit amène précisément l'apparition de concurrents qui proposent des produits, sinon semblables — on serait ramené à la concurrence parfaite — du moins voisins. La firme en situation de concurrence monopolistique a une clientèle particulière : les droites de recette moyenne (demande à la firme) et de recette marginale sont toujours inclinées, indiquant la possibilité maintenue de faire varier les ventes en ajustant les prix ; mais cette clientèle se réduit. Ceci se traduit, graphiquement, par le déplacement vers le bas et la gauche des courbes de recettes moyenne et marginale, et on aboutit à un équilibre stable lorsque les profits ont disparu. Il doit être toujours possible de vérifier l'égalité : coût marginal = recette marginale, mais aussi celle du coût moyen et de la recette moyenne, impliquant un profit nul. La droite de recette moyenne est alors nécessairement tangente à la courbe du coût moyen, ce qui ne peut se faire que dans la partie où cette dernière est décroissante (étant donné la pente négative des droites de recette), donc dans la zone des coûts décroissants. Ce faisant, par cette présentation ingénieuse, Chamberlin apporte une réponse à une question laissée en suspens par Marshall (et relevée par Sraffa) : celle du maintien de la concurrence, même si les rendements sont croissants. Dans cette situation, où l'on devrait s'attendre à un processus continu de concentration des entreprises à la recherche « d'économies internes » dans l'échelle de production, il suffit donc d'admettre que les courbes de demande particulière à chaque firme soient décroissantes (effet de clientèle) pour apporter une solution logique à ce problème.

D) *Les stratégies d'entente ou d'affrontement des oligopoles.* — Dans les hypothèses précédentes, la question de la coordination des décisions des producteurs ne se posait pas du fait qu'ils étaient soit uniques (monopole), soit trop nombreux pour y parvenir (concurrence et concurrence monopolistique). Si l'on suppose désormais qu'il n'y a qu'un petit nombre de producteurs *(oligopole)*, à la limite deux seulement *(duopole)*, toute une gamme de situations intermédiaires est concevable, correspondant à autant de stratégies distinctes.

Les cas les plus simples ont été présentés les premiers. Du *duopole symétrique* de Cournot : où deux producteurs finissent par trouver une position d'équilibre dans leurs décisions de production, en se fondant mutuellement sur la « fonction de réaction » de l'autre à ses propres décisions ; au *duopole asymétrique* de H. von Stackelberg (économiste allemand des années trente), pour lequel un producteur « satellite » s'adapte aux décisions d'un producteur « leader ». Le *monopole bilatéral* : un seul producteur et un seul vendeur, étudié en premier lieu par Edgeworth et Marshall — c'est la situation type de l'échange international réduit à deux pays —, constitue le point de départ de *la théorie des jeux*. Mais cette dernière, qui n'est en rien spécifique à l'analyse économique, permet les généralisations logiques les plus étendues dans la voie ouverte par Joseph von Neumann et Oskar Morgenstern (respectivement, mathématicien d'origine hongroise et économiste d'origine autrichienne, l'un et l'autre émigrés aux Etats-Unis), à partir de leur livre : *Théorie des jeux et comportement économique*, publié à Princeton en 1944.

2. **Le marché des facteurs.** — Toujours dans une analyse en termes d'équilibre partiel, l'ajustement des marchés des facteurs de production peut être conçu comme la confrontation d'une offre et d'une demande. C'est bien la démarche de Marshall et de l'école de Cambridge. Par contre, cette approche est nettement moins évidente dans la théorie autrichienne, où la quantité de travail est traitée comme une donnée institutionnelle, et le capital accumulé comme une résultante de la décision des seuls et mêmes producteurs.

Ici encore, deux cas types sont à distinguer : celui de la concurrence et celui du monopsone (un seul acheteur-employeur) sur le marché considéré.

A) *En situation de concurrence* aucune firme n'est assez forte pour faire varier à elle seule le prix d'un facteur de production, consécutivement à ses décisions de l'utiliser. Ce prix tendra à s'établir vers la position d'équilibre stable, où ne subsiste ni profit ni perte, correspondant au maximum de la productivité moyenne du facteur considéré : point E sur le graphique 2 (p. 51).

La généralisation de cette conclusion suivant laquelle *le profit pur* (ou « résiduel », c'est-à-dire : une fois tous les facteurs de production rémunérés) est nul indique que le produit obtenu a été intégralement réparti entre les apporteurs de facteurs, ce qui revient à considérer qu'en concurrence pure et parfaite les fonctions de production de référence sont implicitement des fonctions « homogènes de degré 1 ». Cela signifie, économiquement, que les rendements sont constants (si les facteurs de production sont multipliés par une constante λ, la production est également multipliée par λ) et que les facteurs rémunérés à leur productivité marginale — qui dans cette position particulière d'équilibre est aussi égale à leur productivité moyenne — absorbent la totalité du produit (8). Cette conclusion théorique, déjà adoptée par Wicksteed et approfondie par Wicksell, a fait l'objet de nombreux développements et applications avec la fonction de production de C. W. Cobb et P. H. Douglas, présentée en 1928, sous la forme : $Y = K^{\alpha}.L^{1-\alpha}$, où α et $(1 - \alpha)$ représentent les parts respectives de la rémunération du capital et du travail dans le revenu national Y. On retrouve ainsi, formellement démontrées, les conclusions déjà avancées intuitivement par von Wieser sur les mécanismes de la répartition « par imputation de la valeur », dans une économie de marché. Conclusions qui ont été exploitées doctrinalement par J. B. Clark pour tenter de montrer qu'un système libéral était : « parfaitement équitable ».

B) ***En situation de monopsone***, il n'y a qu'un seul utilisateur potentiel du facteur considéré. Le monopsoneur est donc en

(8) C'est l'application des propriétés mathématiques du *théorème d'Euler* qui se résument, pour une fonction homogène et de degré 1 du type : $Q = f(x, y, \dots, z)$, à l'expression :

$$x \frac{\partial q}{\partial x} + y \frac{\partial q}{\partial y} \dots + z \frac{\partial q}{\partial z} = Q.$$

Dans une *fonction de production*, où x, y, z, désignent les facteurs, $\frac{\partial q}{\partial x}$, etc., les productivités marginales (qui en concurrence sont égales aux prix respectifs des facteurs), Q le produit obtenu, on voit bien que ce dernier est intégralement réparti (ou « épuisé ») en rémunération des facteurs utilisés.

mesure de faire varier la rémunération (le prix), qui représente toujours le coût moyen d'une unité employée. Il devra augmenter le taux de salaire ou le taux d'intérêt, s'il recherche davantage de travail ou de capital et, *vice versa*, s'il en réduit l'usage.

En confrontant les droites de coût moyen et de coût marginal (9) et les courbes de productivité afférentes, le producteur choisira la position A, sur le graphique 2, où la règle d'égalisation du coût marginal et de la productivité marginale est respectée. Il réalisera ainsi un profit unitaire égal à CB, différence entre le prix du facteur (autrement dit : son coût moyen) et la productivité moyenne. Par rapport à la situation d'équilibre stable de concurrence (position E), l'emploi a donc été réduit de F_e à F_1 et la rémunération versée de f_e à f_1, ce qui montre la nocivité du monopsone pour les apporteurs de facteurs de production : salariés et épargnants.

3. **Le marché de la monnaie.** — Dans les reformulations contemporaines de la théorie néo-classique, l'expression « marché de la monnaie » est couramment employée, ce qui contribue au maintien de l'unité de la méthode d'approche utilisée. Toutefois, dans les présentations d'origine, ce terme n'est explicite que chez Walras. Pour les autres auteurs, la distinction : offre de monnaie/demande de monnaie est moins évidente en effet. Si l'offre de monnaie (la création monétaire) a fait alors l'objet de nombreuses études institutionnelles et propositions de réforme (sur le bimétallisme, sur les rapports monnaie légale/monnaie de crédit, etc.), c'est du côté de la demande — au moins implicitement — qu'ont porté la plupart des réflexions proprement théoriques.

L'approche de la monnaie reste fondamentalement « dichotomique », comme elle l'était chez les Classiques (cf. *supra*, p. 20), sauf pour Wicksell et l'école suédoise dont les apports à la théorie monétaire, pour cette raison, ne seront abordés que dans le chapitre suivant. Cette dichotomie est parfaitement résumée par J. A. Schumpeter lorsqu'il écrit, à propos de l'analyse néo-classique de l'époque : « Dans l'ensemble, la théorie monétaire est demeurée dans un compartiment séparé, et la théorie de la valeur et de la répartition dans un autre.

(9) Déduites l'une de l'autre comme précédemment (cf. n. p. 50). Si le coût moyen du facteur F s'écrit $C_M = aF + b$, le coût total est égal à :

$$C_T = C_M . F = aF^2 + bF,$$

et le coût marginal $= C_m = C'_T = dC_T/dF = 2aF + b$.

Les prix, y compris les taux de revenus, sont restés essentiellement des rapports d'échange que la monnaie ramène à des chiffres absolus sans les affecter en rien, sinon en les revêtant d'une défroque monétaire. »

Comme pour Say, Ricardo et Mill, l'introduction de la monnaie n'a pour effet que de déterminer le niveau général des prix, sorte de « coefficient multiplicatif », qui permet de passer des rapports réels de valeurs d'échange à leur expression sous la forme de prix nominaux. On est donc toujours en présence d'une approche dualiste qui, sur le plan des échanges intérieurs, n'a pas d'effet sur les grandeurs réelles de l'économie, mais reste la clé des ajustements internationaux des balances de paiements.

A) *Les ajustements monétaires intérieurs : reformulations de la théorie quantitative.* — Dans sa conception la plus générale, la théorie quantitative de la monnaie est une relation entre le montant de la monnaie disponible d'un côté, le niveau général des prix de l'autre. La question de savoir si c'est la quantité de monnaie qui *détermine* le niveau des prix (interprétation quantitativiste stricte d'origine), ou si c'est le niveau des prix qui *nécessite* l'existence d'une certaine quantité de monnaie (approches par le revenu de « l'école française » de l'entre-deux-guerres : B. Nogaro, A. Aftalion...) n'est pas sans importance pour discuter des règles à appliquer dans l'émission de monnaie, mais ne change rien à la position d'équilibre finalement atteinte, où M la monnaie et P les prix sont mis en rapport dans une même équation. De cette équation, il existe deux formulations de base :

— Celle dite de *l'équation des échanges* : $M.V = P.T$, où M est la quantité de monnaie, V la « vitesse de circulation » (de rotation) de cette dernière, P le niveau général des prix, T le volume des transactions à régler — expression qu'I. Fisher réécrira, en distinguant monnaie légale M et monnaie bancaire (scripturale) M′, sous la forme : $MV + M'V' = P.T$

— Celle dite de *l'équation de Cambridge*, due à A. Marshall : $M = kPY$, où M est toujours la quantité de monnaie, k la

« vitesse de transformation de la monnaie en revenu », P le niveau général des prix, Y le volume du revenu national — que Keynes réécrira dans son *Essai sur la réforme monétaire*, sous une forme plus sophistiquée : $n = p(k + rk')$, avec n la quantité de monnaie légale et scripturale fournie par le système bancaire, p l'indice du coût de la vie, k et k' la demande d'encaisses du public en monnaie légale et scripturale exprimée en « unités de consommation », r le ratio de réserve des banques de dépôt entre monnaie légale et scripturale.

Les deux formulations sont pratiquement identiques (si l'on assimile le k de Marshall à $1/V$). Mais, dans une interprétation en termes de *demande de monnaie*, Fisher fait dépendre le besoin d'encaisses de paramètres techniques V et V' qui, s'ils sont supposés constants, suffisent à expliquer comment les mouvements de prix P ramènent la quantité de monnaie nécessaire pour les transactions à la monnaie disponible ; alors que Marshall et Keynes introduisent un paramètre de comportement k, indiquant que les agents économiques désirent conserver une certaine quantité de monnaie en proportion de leur revenu nominal ou de leur consommation finale exprimée en argent. Dans le premier cas, l'offre de monnaie suffit seule à déterminer le niveau des prix, la demande s'adaptant techniquement sur elle ; dans le second, l'offre de monnaie doit être confrontée à un « désir d'encaisses » qui sera à la base des développements keynésiens ultérieurs de la *Théorie générale*. La monnaie ne reste neutre sur les ajustements internes de l'économie que si les comportements de demande d'encaisses sont stables. A cette seule condition en effet, la monnaie ne faisant pas l'objet d'une demande « en soi » (réserve de valeur ou de liquidité), mais constituant seulement un intermédiaire des échanges détenu en proportion fixe des transactions, ou du revenu, la loi des débouchés (loi de Say) reste vérifiée.

B) *Les ajustements monétaires internationaux : la parité des pouvoirs d'achat.* — Sur le plan international, le rôle de la monnaie est désormais abordé au travers de la théorie des changes, dès lors que l'abandon des règles strictes de l'étalon-or a mis fin aux « automatismes ricardiens ». Dans un système de changes flexibles, le principe d'ajustement a été formulé par A. Marshall : « Sur le marché (des changes), le prix de l'unité monétaire d'un pays en termes de devises étrangères tend à être inversement proportionnel aux relations entre les niveaux de prix respectifs. » Cette approche sera popularisée par Gustav Cassel, face aux désordres monétaires de la première guerre mondiale, sous l'appellation de : « Théorie de la parité des pouvoirs d'achat ». Une telle affirmation paraît pratiquement évidente pour expliquer comment doit s'établir, ou se rétablir, l'équilibre des balances de paiement. Mais A. Lerner et J. Robinson montreront ultérieurement, dans les années quarante, que ceci suppose vérifié le *théorème des élasticités critiques* : « La somme des élasticités d'importation et d'exportation par rapport aux variations du change doit être supérieure à 1. » Il faut en effet que le *volume* des échanges commerciaux varie plus que proportionnellement aux variations du change pour que l'équilibre se rétablisse. En partant, par exemple, de la situation d'un pays déficitaire, des exportations plus abondantes en volume devront compenser des recettes unitaires en baisse du fait de la dépréciation de la monnaie nationale et, réciproquement, pour des quantités importées réduites mais à prix majorés.

Sur le marché des changes, comme sur les autres marchés, l'ajustement entre offres et demandes se réalise donc autour d'un prix d'équilibre. En supposant que tous ces ajustements soient simultanément établis, on débouche intuitivement sur la notion « d'équilibre général ».

III. — L'équilibre économique général et l'optimum pour une économie d'échange

En repartant des équilibres partiels (ou particuliers) analysés ci-dessus, on peut déjà considérer que les marchés sont interdépendants. En effet, la demande d'un produit ou d'un facteur découle nécessairement de l'attitude du consommateur ou du producteur envers les autres produits ou facteurs, en termes de « coûts alternatifs » ou « coûts d'opportunité », suivant la terminologie de l'école autrichienne. Mais il reste à démontrer que toutes ces décisions sont compatibles. Telle a été la démarche de l'école de Lausanne : Walras établissant d'emblée les *conditions d'existence d'un équilibre général*, et Pareto démontrant que l'on parvenait, ainsi, à définir *un optimum pour une économie d'échange*.

1. **L'équilibre walrassien.** — Proposé dès la première édition des *Eléments d'économie politique pure* (1874), le « système de Walras » a constamment été complété par la suite, en intégrant, au fur et à mesure, les acquis de l'approche néo-classique : ainsi en est-il de la théorie de la productivité marginale qui a permis, à partir de la troisième édition (1896), de remplacer l'hypothèse de coefficients techniques de production fixes par celle de la rémunération des facteurs à leur productivité marginale, ou encore, dans la quatrième édition (1900), d'introduire l'épargne comme résultat de la comparaison entre les utilités présentes et futures, à la suite de Böhm-Bawerk.

La présentation que donne Walras est simple et explicite au départ, à partir d'un tableau chiffré du circuit économique construit à la manière de Quesnay. Il distingue fondamentalement deux marchés : celui des services productifs (facteurs de production : terre, travail, capital...) et celui des produits. Ces deux marchés sont parfaitement liés l'un à l'autre car, ainsi que l'écrit Walras : « C'est avec la monnaie qu'ils ont reçue sur le premier (en rémunération) de leurs services producteurs, que les propriétaires fonciers, travailleurs et capitalistes-consommateurs vont sur le second acheter des produits, et c'est avec la monnaie qu'ils ont reçue, sur le second, de (la vente de) leurs produits que les entrepreneurs-producteurs vont sur le premier acheter des services producteurs. » De cette double liaison on peut tirer l'ensemble des équations simultanées présenté dans la vingtième leçon des *Eléments*, et qui fonde le système d'équilibre général walrassien.

Avec n services producteurs (d'indice : t, p, k... comme la terre, la population, le capital, etc.), m produits finis (d'indice : a, b, c ...) — dont 1 (le bien a) est pris comme numéraire (son prix, $p_a = 1$) — *chaque individu* est en position d'équilibre, lorsque :

1 / La valeur de services offerts (o) est égale à la valeur des services demandés (d) en contrepartie, soit :

$$o_t p_t + o_p p_p + o_k p_k + \dots = d_a + d_p p_b + d_{cp} + \dots ; \quad [1]$$

2 / La « désutilité marginale » de l'offre de chaque service productif est compensée par son prix ;

3 / Les utilités marginales des produits pondérées par leurs prix respectifs sont égales.

Par agrégation des offres et des demandes individuelles, à l'équilibre, on obtient ainsi, en fonction à la fois des prix des services producteurs et des produits :

— *n* équations d'offre de services producteurs de la forme :

$$O_t = F_t(p_t, p_p, p_k \dots p_b, p_c, p_d)$$
$$O_p = F_p(p_t, p_p, p_k \dots p_b, p_c, p_d)$$
$$\dots\dots\dots\dots\dots ;$$

— *m* équations de demande de produits dont une (celle du produit-numéraire) est redondante (10), car la demande de numéraire n'est autre que la contrepartie de toutes les transactions réalisées sur les biens et services producteurs et D_a est donc déjà déterminée (cf. relation [1] ci-dessus) quand les autres équations sont satisfaites ; on n'écrira donc que $(m - 1)$ équations de la forme suivante :

$$D_b = F_b(p_t, p_p, p_k \dots p_b, p_c, p_d)$$
$$D_c = F_c(p_t, p_p, p_k \dots p_b, p_c, p_d)$$
$$\dots\dots\dots\dots\dots ;$$

Si l'on ajoute les relations techniques qui unissent par des coefficients de fabrication (du type des coefficients techniques de production des actuels tableaux entreées-sorties de Leontief), notés a_t, b_p, c_k, etc. et considérés comme fixes (prédéterminés), dans la version d'origine, on obtient, d'une part, par égalisation des quantités offertes et demandées de chaque facteur, et, d'autre part, par égalisation du prix de vente de chaque produit et de son coût de fabrication :

— *n* équations supplémentaires de la forme :

$$O_t = a_t D_a + b_t D_b + c_t D_c + \dots$$
$$O_p = a_p D_a + b_p D_b + c_p D_c + \dots$$
$$\dots\dots\dots\dots\dots ;$$

— et *m* équations supplémentaires de la forme :

$$p_a = 1 = a_t p_t + a_p p_p + a_k p_k + \dots$$
$$p_b = b_t p_t + b_p p_p + b_k p_k + \dots$$
$$\dots\dots\dots\dots\dots ;$$

(10) C'est ici la première formulation de la « Loi de Walras » qui, avec la « Loi de Say » (cf. supra, p. 19) a fait l'objet de longues discussions, après O. Lange (1942) et D. Patinkin (1956), pour savoir s'il s'agissait d'une identité comptable (à la limite, une tautologie) ou d'une égalité conditionnelle (liée donc à un processus de détermination). Pour sa part Walras écrivait, dans l'édition abrégée des Eléments : « Quand il y a équilibre du marché pour toutes les marchandises autres que la marchandise numéraire, il y a équilibre également pour la marchandise numéraire. »

Le système comporte donc au total (récapitulation) : $n + (m - 1) + n + m$ équations, soit $2n + 2m - 1$.

Or le nombre d'inconnues est également :

— n quantités offertes de services producteurs du type O_t, O_p, etc. ;
— n prix de ces services producteurs : p_t, p_p, etc. ;
— m quantité demandée des produits D_a, D_b, etc. ;
— $(m - 1)$ prix de ces produits exprimés dans le numéraire a dont, par définition, le prix $p_a = 1$.

Le nombre d'équations et d'inconnues étant égal, Walras en conclut (avec prudence cependant, car il savait que les conditions mathématiques d'existence d'une solution unique étaient plus rigoureuses (11)) que la possibilité d'une situation d'équilibre général était démontrée.

Comment le système économique y parvient-il ? La réponse de Walras est : par tâtonnements, et il s'efforce de décrire un processus de cheminement possible où les ajustements se font à partir de prix criés au hasard par un « commissaire-priseur » et de bons provisoires d'achat — nouvelle version de la « main invisible », à la manière des Physiocrates et des Classiques — de façon à ce qu'aucune transaction ne soit conclue avant que l'on parvienne au prix d'équilibre.

Une situation d'équilibre général du système économique était ainsi complètement établie, *Magna carta* de l'économie moderne selon l'expression de J. A. Schumpeter, Pareto allait compléter l'analyse en montrant que, sous les hypothèses néo-classiques, non seulement une économie de marché admettait une solution d'équilibre, mais qu'en outre cette dernière correspondait à *un optimum* pour les consommateurs et les producteurs.

(11) Cette démonstration rigoureuse ne sera établie qu'au début des années trente par le mathématicien allemand A. Wald (et reprise à l'époque contemporaine par J. K. Arrow et G. Debreu, cf. infra, section II, du chapitre IV). On peut dire que le système de Walras possède effectivement une solution unique et économiquement significative pourvu que : 1° Les rendements d'échelle soient constants ou décroissants ; 2° qu'il n'y ait pas de « produits joints » ou « d'effets externes » ni dans la production, ni dans la consommation ; 3° que tous les biens soient des « substituts bruts » les uns des autres (la hausse du prix d'un bien entraîne le report d'une demande sur les autres).

2. **L'optimum parétien.** — C'est à partir de la prise en compte *des conditions rationnelles de l'échange* que Pareto a construit sa démonstration. Comme dans l'approche classique de la division du travail (cf. *supra*, p. 17), la question a d'abord été étudiée concernant deux co-échangistes quelconques, puis a fait l'objet de perfectionnements de la part des théoriciens de l'échange international (Lerner, Haberler, Viner... dans l'entre-deux-guerres).

A) *Les contrats d'échange.* — Si l'on part de la situation de deux échangistes quelconques, les lois de Gaussen débouchent sur un résultat immédiat, clairement formulé par Jevons, dès 1871 : « Le taux de l'échange de deux biens est inversement proportionnel au rapport de l'utilité finale (marginale) des deux biens échangés. »

Une présentation graphique de la question a été proposée par Edgeworth (célèbre schéma initial de l'échange du travail de Vendredi contre l'argent de Robinson) (12), et mise au point par Pareto en termes d'utilités ordinales, tant en ce qui concerne l'échange entre deux consommateurs qu'entre un consommateur et un producteur.

— *Dans le premier cas*, en combinant sur un diagramme emboîté — dit d'Edgeworth ou d'Edgeworth-Bowley (ce dernier nom faisant référence à celui de l'économiste britannique qui en a repris le principe, en 1924) — les cartes d'indifférence de deux consommateurs, on parvient à une situation d'équilibre lorsque le rapport des prix des produits

(12) C'est là une de ces « robinsonades », à partir d'exemples très simplifiés, si fortement décriées par l'École historique dans sa critique de l'approche déductive des Néo-Classiques.

échangés est égal au rapport des utilités marginales afférentes pour chacun des co-échangistes :

$$U'_{1x}/U'_{1y} = p_x/p_y = U'_{2x}/U'_{2y}.$$

— *Dans le second cas*, en confrontant, de même, les courbes d'indifférence d'un consommateur et les courbes de possibilité de production d'un producteur, on parvient à l'équilibre lorsque le rapport des prix des produits échangés est égal au rapport des utilités marginales (taux marginal de substitution des produits) pour le consommateur et au rapport des coûts marginaux (taux marginal de transformation des produits) pour le producteur :

$$U'_x/U'_y = p_x/p_y = C'_x/C'_y.$$

L'ensemble des points vérifiant ces conditions définit la « courbe des contrats » qui correspond à *un optimum au sens de Pareto*, tel que : « L'on ne peut plus accroître la satisfaction d'un individu sans diminuer celle d'un autre. » Principe qui exclut toute éventualité de compensation par indemnisation, question explicitement abordée par Baroue dans ses études sur la logique de fonctionnement d'une économie socialiste et qui sera reprise, ultérieurement, dans la théorie du « bien-être » *(Welfare economics)* (cf. *infra*, p. 108-109).

B) *La théorie de l'échange international*. — En termes néo-classiques, celle-ci a tout d'abord été abordée par Marshall et Edgeworth, reprenant le problème ricardien des avantages comparatifs à partir de « balles représentatives » : assortiment de marchandises produites avec une combinaison fixe de facteurs (ce qui correspondait donc à un même « coût réel de production » au sens de Marshall). Une fois encore, la méthode de Pareto allait permettre de raisonner de façon plus explicite, en termes d'utilités ordinales, par l'utilisation de courbes d'indifférence et de courbes de possibilité de production « collectives », à l'échelle du pays tout entier.

— *L'équilibre* est atteint lorsque le rapport d'échange international (toujours compris entre les rapports d'échange internes préalables, comme l'avait déjà montré Ricardo) vérifie, dans chaque pays, les conditions de l'optimum parétien (égalisation des taux marginaux de transformation pour les producteurs, et de substitution pour les consommateurs).

— *La spécialisation internationale* qui en résulte permet à chaque partenaire d'améliorer sa position, grâce à l'accroissement de la production totale réalisée, elle-même consécutive à une meilleure utilisation des facteurs de production disponibles. Ce faisant, les taux de rémunération de ces derniers tendent vers une égalisation internationale, conformément au théorème dit : H. O. S. » (initiales des trois auteurs : Hecksher, Ohlin et Samuelson, qui ont approfondi la question à la suite de Taussig), chaque pays, après ouverture à l'échange, utilisant de façon plus intense les facteurs de production dont il est relativement le mieux doté, ce qui en relève le prix.

C'est là un nouvel et dernier exemple de *l'unité* de l'analyse néo-classique pour traiter rationnellement telle ou telle question d'ordre économique : ici l'optimum de l'échange. Le raisonnement en termes marginaux suffit, à partir d'hypothèses très peu nombreuses et simplifiées, à avancer un résultat logique.

Mais le modèle d'interprétation qui en résulte reste cependant parfaitement *statique* et c'est à la dépasser que vont s'appliquer les recherches de la période suivante, sans véritable rupture méthodologique.

CHAPITRE III

APPROCHES DYNAMIQUES PAR LE DÉSÉQUILIBRE

Si le système néo-classique est statique dans son aboutissement ultime, cela ne signifie pas qu'il exclut toute possibilité de fluctuations, au contraire, puisque les ajustements sur la position d'équilibre se font par tâtonnements. Mais l'idée de base reste que ces fluctuations sont des dérèglements passagers, des accidents entre deux situations « normales ». Les orientations nouvelles vont donc consister, non plus seulement à prendre en compte les forces qui ramènent vers cet équilibre stable, mais à considérer que la situation normale est celle d'un déséquilibre permanent, suivant une dynamique intertemporelle commandée par la mise en œuvre de moyens supplémentaires : exploitation d'autres ressources naturelles, population et emploi en augmentation, investissement additionnel, innovation technique...

Les deux approches ne s'opposent pas et c'est pourquoi cet effort de dépassement n'a pas provoqué l'apparition d'écoles nouvelles, en rupture avec les précédentes. Des auteurs tels que Wicksell, chef de file de l'école suédoise, John Maurice Clark qui bien qu'influencé par l'institutionnalisme n'en a pas moins été le continuateur de son père dans la voie du marginalisme américain, Friedrich A. von Hayek, « néo-marginaliste » de l'école autrichienne tout comme Joseph Schumpeter, John Maynard Keynes et, avec lui, la deuxième génération de l'école de Cambridge..., principaux initiateurs de l'approche « par le déséquilibre », sont à présenter en prolongement des écoles néo-classiques antérieures. Aussi ne trouve-t-on pas de véritable césure chronologique, dans le premier tiers du XXe siècle, pour saluer la naissance de ce nouveau courant. La *Théorie générale de l'emploi, de l'intérêt et de la monnaie* de Keynes, parue en 1936, est certes l'œuvre centrale de référence, mais elle a été précédée de recherches nombreuses sur les ressorts de la dynamique économique et devra être ensuite généralisée, de la seule explication du sous-emploi en temps de crise, aux « modèles de croissance ».

I. — Les ressorts de la dynamique économique

Des trois facteurs de production traditionnellement considérés : les ressources naturelles, la population active, le capital, auxquels on doit encore ajouter le processus d'innovation, les deux premiers n'ont d'effets qu'à long terme (blocage de la croissance par épuisement de certaines ressources ; révolutions démographiques). Aussi ce sont essentiellement les deux derniers qui ont retenu l'attention des auteurs du début du XXe siècle. Comme l'innovation de même que la formation du capital peuvent s'analyser en termes *d'investissement*, c'est donc à une explication pratiquement moniste à partir des variations de celui-ci que l'on va s'attacher, du processus cumulatif wicksellien, au principe de l'accélérateur, en passant par la théorie de l'évolution de Schumpeter.

1. **Le processus cumulatif et le cycle de l'investissement.** — *Jusqu'aux « lectures » de K. Wicksell* (1901), le taux d'intérêt était considéré comme un phénomène unique de nature « réelle », lié à la productivité du capital investi, avec une contrepartie monétaire : la rémunération qui peut être versée en conséquence aux apporteurs de capitaux.

Dans une économie sans monnaie (où l'investissement et l'épargne seraient donc nécessairement indifférenciés), sa détermination repose sur la comparaison directe de la « préférence pour le présent » et de la productivité marginale physique du capital (le supplément de produit obtenu dans le temps du fait d'un « détour de production », suivant l'expression de Böhm-Bawerk). C'est l'exemple célèbre du filet de pêche que Robinson Crusoé prend le temps de fabriquer : il compense directement, à partir du gain tiré de ce détour, la désutilité liée à son attente. Dans une économie avec monnaie, mais sous la seule forme d'une marchandise-étalon, utilisée aussi comme intermédiaire des échanges, l'épargne et l'investissement sont différenciables. La première est une fonction croissante du taux d'intérêt, *exprimé en monnaie*, le second une fonction décroissante. L'équilibre sera simplement déterminé, à court terme, par l'égalité de l'offre de capital (épargne) et de la demande de capital (investissement), mais tendra tendanciellement vers une position d'équilibre (cf. *supra*, p. 54), telle que le taux d'intérêt soit alors égal non seulement à la productivité marginale, mais aussi à la productivité moyenne du capital, alors à son maximum. Ce taux d'équilibre définit le « taux naturel » de l'approche néo-classique, et est ainsi appelé par Wicksell.

Mais si l'on introduit maintenant une *monnaie de crédit*, l'équilibre précédent sera rompu, car l'émission de monnaie par les banques aura pour effet :

— sur le marché des capitaux (des « fonds prêtables » comme dira D. Robertson, dans ses tentatives ultérieures de synthèse post-keynésienne), d'abaisser d'abord le coût des emprunts, par une diminution du « taux monétaire » ;
— dans les calculs de rentabilité de l'investissement, établis par les producteurs, d'élever (de par la hausse des prix qui suit l'émission de monnaie en application de la théorie quantitative) les courbes de productivité marginales et moyennes de capital exprimées en unités monétaires, donc le taux naturel précédemment défini.

Il s'ensuit un processus cumulatif d'expansion ; cumulatif par le fait que les producteurs, réalisant des profits par différence entre leur gain (le taux naturel) et leur coût en capital (le taux monétaire), accroîtront encore leurs demandes de crédit aux banques. L'arrêt du processus ne pourra venir que de ces dernières qui, pour des raisons de respect des règles de convertibilité (s'il en existe), ou du fait des comportements de fuite devant la monnaie de la part du public, face à une inflation galopante, seront obligées de restreindre leurs crédits. Dans cette phase d'expansion, l'investissement, nourri par le crédit bancaire, est donc supérieur à l'épargne préexistante.

— *G. Myrdal* complétera l'analyse en avançant — préfiguration de Keynes — que l'équilibre entre les deux se rétablira *ex post*, grâce à l'accroissement des profits réalisés. Il considère d'ailleurs que ce processus est réversible : si l'investissement nouveau était insuffisant pour absorber l'épargne disponible, cette dernière serait ramenée *ex post* au niveau initial de l'investissement engagé, du fait des pertes subies par les producteurs. Cette articulation de l'épargne et de l'investissement fera l'objet des travaux ultérieurs de l'école suédoise : modèles de séquences de E. Lindhal, B. Ohlin et E. Lundberg.

— *F. von Hayek* reprendra le même raisonnement, au début des années trente, pour expliquer les « dérèglements » du cycle des affaires par les fluctuations du crédit bancaire, en mesure de faire varier temporairement le coût des emprunts (taux d'intérêt monétaire de Wicksell) et, en conséquence, d'allonger ou de raccourcir la longueur du détour de production engagé par les producteurs : d'où l'expression imagée qu'il emploie « d'effet d'accordéon ». Mais, en fin de compte, fidèle à l'orthodoxie néo-classique — dont il est sans doute le meilleur représentant — Hayek reviendra à une analyse en termes réels pour conclure à l'autocorrection du cycle, fondée sur la substitution des facteurs (travail et capital), en fonction de l'évolution de leurs prix relatifs : taux d'intérêt réel découlant du prix des outillages, et taux de salaire réel par comparaison des taux de salaire nominaux et de la hausse des prix. C'est ce qu'il appelle « l'effet Ricardo » (1), dont on retrouvera l'esprit dans les modèles de croissance équilibrés d'inspiration néo-classique, en réponse au modèle keynésien du type Harrod-Domar (cf. section III ci-dessous).

2. **La théorie de l'évolution de Schumpeter.** — Si l'on ne retient que les apports analytiques de Schumpeter, principalement contenus dans sa *Théorie de l'évolution économique* de 1911 — en laissant donc de côté les matériaux empiriques minutieusement accumulés, dans la tradition des écoles historiques, en particulier pour ses *Business cycles* de 1939, ainsi que les vues doctrinales sur le capitalisme et son avenir (*Capitalisme, socialisme et démocratie*, 1942) — il reste une idée simple : celle de l'opposition entre « l'économie de circuit » et « l'économie d'évolution ».

La première est un modèle non seulement statique mais stationnaire, puisque présenté en termes walrasiens dans une économie sans accumulation de capital. Il n'y a alors ni crédit aux entreprises, ni profits. L'évolution naît de deux conditions. L'une nécessaire : *l'innovation*, que Schumpeter définit comme une « combinaison nouvelle », sous une des cinq formes suivantes : fabrication d'un nouveau bien, introduction d'un nouveau procédé, ouverture d'un nouveau débouché, conquête d'une source nouvelle de matières premières, nouvelle forme d'organisation (concentrations, etc.). L'autre suffisante : *le crédit bancaire*. Ce dernier permet, par une création *ex nihilo* (la monnaie est donc une pure convention sociale), d'émettre un pouvoir d'achat qui sera mis à profit par les entrepreneurs pour réaliser leurs combi-

(1) Ricardo avait souligné, en effet, que si les salaires s'élèvent passagèrement au-delà du minimum de subsistances, il s'ensuit, de la part des capitalistes, une tendance à substituer des machines supplémentaires à la main-d'œuvre.

naisons nouvelles et en tirer précisément un profit, « surplus (ou rente) de monopole » inhérent à l'innovation tant que cette dernière n'est pas généralisée. Ce profit permettra d'acquitter un intérêt sur les crédits consentis, intérêt dont le niveau résulte tout simplement de l'offre et de la demande de capitaux, dans une approche monétaire du type « fonds prêtables », comme l'on dira plus tard. Le couple innovation-crédit suffit ainsi à expliquer, dans une approche unitaire, non seulement le « développement » (la croissance), mais aussi les fluctuations : chaque type de cycle étant corrélé avec des vagues d'innovations « mineures » ou « majeures ».

Ainsi, le moteur du système économique apparaît-il comme largement exogène (sociopsychologie de « l'esprit d'entreprise »), mais le crédit et l'intérêt sont bien, eux, dépendant de processus économiques à part entière.

3. **Le principe d'accélération.** — Issu à l'origine de simples constats empiriques, le principe d'accélération, une fois intégré dans l'analyse économique comme hypothèse de base de fonctions de production à coefficients fixes, sera, avec le multiplicateur keynésien, l'un des deux instruments des modèles de croissance et de fluctuations.

— *Au point de départ se place le constat d'Albert Aftalion* (travaux sur les crises périodiques de surproduction de 1908 et 1913), suivant lequel il existe un « décalage » entre la demande de biens de consommation et la capacité de production nécessaire pour y répondre, du fait des délais de fabrication nécessaires pour mettre en œuvre de nouveaux équipements. Il en tire une explication du cycle économique : il y a expansion cumulative tant que l'on doit produire des biens d'équipements supplémentaires pour s'ajuster à une demande accrue ; crise de surproduction ensuite lorsque, la capacité de production ayant comblé son retard, l'on cesse d'acheter des équipements nouveaux.

— *John Maurice Clark*, en 1917, apporte une interprétation voisine. Il introduit l'hypothèse d'un rapport constant entre la consommation (C) et la quantité de capital nécessaire pour produire une unité de biens de consommation (k). Si l'on considère la longévité moyenne des équipements (L), la production annuelle de biens d'équipement (pour faire face aux amortissements) doit être de $C.k/L$. Si la consommation augmente de ΔC, il faudra accroître la production de biens d'équipements de $\Delta C.k$. Soit, si l'on compare les augmentations relatives, en une année : de la consommation : $\Delta C/C$, et de la production de biens d'équipements : $\Delta C.k / C.k/L = L.\Delta C/C$ un accroissement relatif plus que proportionnel (L) « amplifié » ou *accéléré*, du secteur des biens d'équipement sur celui des biens de consommation.

— *Alvin H. Hansen, Roy F. Harrod et Paul A. Samuelson*, à la fin des années trente, ont reformulé le principe en termes généraux. Si l'on considère une fonction de production à coefficients fixes (sans substitution possible entre les facteurs, autrement dit) du type : $Y = F(K/v, L/u)$, où v et u sont les coefficients constants de capital et de travail pour réaliser une unité du produit Y, on peut écrire *le coefficient de capital* : $v = K/Y$; et K en fonction de Y sous la forme : $K = vY$. Par une première différenciation, il vient : $dK = v\,dY$, où dK, variation du capital, n'est autre que l'investissement I. Soit donc $I = v\,dY$ et, par une seconde différenciation, $dI = v\,d^2Y$. Il est ainsi formellement établi que l'investissement ne varie pas comme la production, mais comme « le rythme de variation » de cette dernière. Quand la production augmente, d'abord à taux croissant, puis augmente encore, mais seulement à taux décroissant, elle connaît un point d'inflexion et l'investissement s'accroît dans la première phase, mais décroît dans la seconde, alors même que l'expansion de la production se poursuit, mais à taux ralenti. Les mouvements conjoncturels de l'investissement sont bien ainsi « accélérés », en proportion du *coefficient d'accélération v*, qui n'est autre que le coefficient de capital K/Y.

II. — La macroéconomie keynésienne

Le qualificatif de *macroéconomie*, non seulement n'est pas imputable à Keynes, mais est même antérieur à la publication de son œuvre principale : la *Théorie générale*. C'est Ragnar Frisch qui en a introduit l'usage, dès 1933 ; ainsi le nom de baptême a-t-il précédé l'apparition de l'ouvrage que l'on considère toujours comme la référence macroéconomique par excellence. Le terme est ambigu, car il semble suggérer un clivage entre approche d'ensemble ou globale (macro-) et approche partielle ou élémentaire (micro-). Or la différence n'est pas là : l'équilibre général de Walras, achèvement de la construction microéconomique néo-classique, se présente comme une vision parfaitement générale du système. Inversement, comme nous le verrons, la « préférence pour la liquidité », qui est sans doute une des clés — sinon la clé — du système keynésien, découle d'un comportement particulier du « spéculateur ». La nouveauté est à trouver dans une méthode en fait *intermédiaire* entre les deux grandes approches utilisées précédemment.

De l'approche globale par le processus production-répartition-accumulation, Keynes conserve la vision « par le circuit » et même son caractère ternaire dans un triangle : Produit-Revenu-Dépense. Cependant ce circuit (2) ne se déroule plus entre des groupes sociaux concrets et distincts (les « classes ») tels : les salariés, les capitalistes, les propriétaires fonciers..., mais par un enchaînement de fonctions macroéconomiques : de consommation, de liquidité, d'investissement, d'emploi... C'est pourquoi, si l'on peut tirer de l'analyse keynésienne l'explication des déséquilibres économiques du capitalisme libéral, les conclusions n'en sont pas directement transposables en termes d'affrontements sociaux.

De l'approche néo-classique, Keynes conserve la prise en compte de comportements élémentaires déduits comme précédemment du calcul économique : décision de produire, de consommer ou d'épargner, d'investir ou de thésauriser, etc. Cependant, ces comportements ne sont plus des comportements de sujets individuels, mais des comportements agrégés. C'est sur ce point que la distinction micro/macro est une approximation acceptable. Les « agrégats » qui en résultent ne s'ajustent plus fondamentalement par des mécanismes de marché (et donc de prix) mais s'articulent directement

(2) Expression que Keynes n'a pas utilisée explicitement, mais qui a connu, particulièrement en France dans les dernières années, un regain d'intérêt certain avec les travaux de : B. Schmitt, A. Barrère, A. Parguez, F. Poulon, en particulier...

suivant des enchaînements spécifiques : taux d'intérêt et efficacité marginale du capital, propension marginale à consommer et multiplicateur, coefficient d'emploi... Le système est enfin dynamique car il ne s'agit plus d'expliquer un « état » d'équilibre de la production et de l'emploi, mais leur « processus de variation », suivant l'expression de Keynes lui-même.

C'est donc avant tout par sa méthode que l'analyse keynésienne est novatrice plus que par ses conclusions pratiques, mises en œuvre bien avant que la *Théorie générale* ne leur ait apporté un fondement logique (3), et déjà antérieurement popularisées par Keynes dans son recueil d'*Essais de persuasion* (1931). La meilleure façon de s'en rendre compte reste, d'ailleurs, de comparer les premiers ouvrages théoriques de Keynes : l'*Essai sur la réforme monétaire* de 1923 et le *Traité sur la monnaie* de 1930, encore très « marshalliens » dans leur démarche, à la *Théorie générale de l'emploi et de la monnaie* de 1936 et ses commentaires ultérieurs. C'est sur ce terrain que se situe la « Révolution keynésienne ». Mais si la *Théorie générale* a fait l'objet de tant d'interprétations et réinterprétations successives, de tant de lectures et « de seconde lecture » (Alain Barrère), c'est qu'elle manque de linéarité et par conséquent de clarté. Au schéma explicatif initial, nous devrons donc ajouter la *reformulation hicksienne* qui a servi de base, pendant de longues années, à la macroéconomie universitaire.

1. Le schéma explicatif de la « Théorie générale ». — A) *Le principe de la demande effective.* — Le processus dynamique décrit par Keynes s'amorce avec la décision des producteurs de mettre en œuvre un « certain » volume de production, requérant par suite un « certain » niveau d'emploi. Mais, contrairement à ce qui était admis dans les schémas classique et néo-classique (assimilés par Keynes : « de Ricardo... au Pr Pigou »), ce volume de production et ce niveau d'emploi n'ont aucune raison de correspondre *a priori* au plein emploi des fac-

(3) Sur ces aspects plus doctrinaux du keynésianisme, cf., dans cette même collection : P. Delfaud, Keynes et le keynésianisme, 4e éd., 1986.

teurs de production disponibles. De Say à Walras, en effet, on considérait que, n'importe quel volume de production étant assuré de s'écouler de par l'égalité entre la valeur de la production et la valeur des rémunérations versées en contrepartie, les producteurs étaient enclins à employer toute la main-d'œuvre disponible, à la seule condition que cette dernière accepte une rémunération en rapport avec sa productivité marginale. Au contraire, dans l'explication avancée par la *Théorie générale*, les producteurs choisissent d'engager un volume de production qui rende maximum leur profit compte tenu des prévisions de vente. Car il n'est nullement certain, à leur point de vue, que toutes quantités produites fassent automatiquement l'objet d'une demande et soient donc assurées d'un débouché.

C'est là le cœur même de la démarche keynésienne : dans une économie monétaire, le revenu global distribué dans l'activité de production (qui est bien toujours égal à la valeur de la production réalisée) n'est pas nécessairement dépensé, soit en demande de consommation, soit en demande d'investissement, du fait de la « préférence pour la liquidité ». Par suite, instruits par l'expérience, les entrepreneurs fondent leurs anticipations de ventes et de profit, non pas sur la demande « potentielle » qui est censée correspondre au revenu global distribué, mais sur la *demande effective* qui découle des comportements concrets de dépense des agents économiques. A partir de là, Keynes va s'employer à expliquer, en amont, ce qui détermine les deux composantes de la demande globale : la consommation et l'investissement puis, en aval, à en tirer les conséquences sur les variations du revenu, de l'emploi et des prix.

B) *La fonction de consommation et la propension marginale à consommer.* — Première composante de la demande effective, la consommation dépend avant tout, pour Keynes, du niveau du revenu. La fonction de consommation s'écrit donc de façon très simple : $C = f(R)$, avec $1 > dC/dR > 0$ et $d^2 C/dR^2 < 0$, ce qui se lit : la consommation s'accroît avec le revenu mais moins que proportionnellement ; ou encore, en appelant dC/dR : « propension marginale à consommer », la propension marginale à consommer est positive mais décroît dans l'intervalle [1, 0] lorsque le revenu s'élève. Cette formulation, qui paraît aujourd'hui presque évidente, est novatrice par rapport aux conceptions néo-classiques. La consommation ne résulte plus d'un partage du revenu entre consommation et épargne en fonction du taux d'intérêt, suivant la « préférence pour le temps » du consommateur-épargnant (cf. *supra*, p. 43), mais du niveau du revenu lui-même. Par conséquent, pour que la demande effective soit en mesure d'absorber la totalité de la production, il est nécessaire que la dépense d'investissement vienne « combler l'écart grandissant entre l'offre globale et la dépense de consommation ». Or, dans le système keynésien, aucune force automatique ne permet d'assurer que ce processus s'accomplisse.

En effet, l'investissement ne découle pas de l'épargne comme dans la théorie néo-classique ; ce qui, bien entendu, garantirait par différence qu'il puisse absorber la part non consommée de la production. La décision d'investir est déterminée, au travers d'une fonction d'investissement, par la comparaison du rendement du capital investi et du taux d'intérêt, dépendant lui-même de la préférence pour la liquidité. Il faut donc commencer par expliquer cette dernière pour pouvoir établir le niveau de l'investissement, seconde composante de la demande effective.

C) *La préférence pour la liquidité et le taux d'intérêt.* — Dans l'économie monétaire (ou « monétarisée ») de Keynes, la monnaie, en sus de sa fonction de transaction, fait l'objet d'une demande « en soi », comme « pont entre le présent et l'avenir » pour parer aux incertitudes futures. Deux nouveaux *motifs de détention de liquidité* sont à prendre en considération : le motif de précaution et le motif de spéculation. Ce dernier, illustré par Keynes dans l'exemple boursier, a un caractère plus général : détenir de la monnaie au-delà des seuls besoins de transaction n'est pas irrationnel, alors même que conserver de l'argent improductif paraît absurde, car cela permet de profiter d'opportunités spéculatives. Le taux de l'intérêt ressort ainsi comme « le prix de la renonciation à la liquidité ». Ce n'est plus une grandeur égalisant l'épargne et l'investissement, mais une variable purement monétaire découlant de la demande et de l'offre (bancaire) de liquidités. En accroissant l'émission de monnaie on peut donc abaisser le taux d'intérêt, mais jusqu'à une certaine limite seulement dite « trappe à liquidités », en dessous de laquelle plus personne n'accepte de prêter son argent ; la thésaurisation devient alors virtuellement infinie. Wicksell et Schumpeter sont donc dépassés : le taux d'intérêt dépend non seulement de l'offre de monnaie par les banques, mais de la seule demande de liquidités des agents économiques, indépendamment de leurs perspectives d'investissement.

D) *La fonction d'investissement et l'efficacité marginale du capital.* — Mais si le taux d'intérêt n'est pas influencé par l'investissement, la réciproque n'est pas vraie. Tour caractéristique du raisonnement keynésien substituant à une vision d'interdépendance, de type néo-classique, une relation de causalité. En effet, mis en rapport avec les rendements attendus du capital investi, le taux d'intérêt détermine le niveau de l'investissement. Keynes exprime la productivité attendue de l'investissement comme le proposait I. Fisher, par : le « taux de rendement au-dessus du coût » qu'il baptise « efficacité marginale du capital ». Cette dernière (r dans la formule ci-dessous) se définit comme : « le taux d'escompte (ou taux d'actualisation) qui égalise exactement la valeur actuelle de la série des produits annuels attendus au coût initial de l'investissement », soit :

$$C = R_1/(1 + r) + R_2/(1 + r)^2 + R_3/(1 + r)^3 + \ldots + R_n/(1 + r)^n.$$

Autrement dit, elle mesure le taux critique d'intérêt, ou taux maximum, à partir duquel un projet d'investissement vaut juste la peine d'être réalisé. Dès lors, si l'on classe tous les projets d'investissement envisageables en fonction de leur efficacité marginale, on retiendra tous ceux pour lesquels r est supérieur à i le taux d'intérêt monétaire ; i et r déterminent donc bien conjointement le niveau de l'investissement. Mais, même si i devenait très bas, ce que de toute manière la trappe monétaire limiterait, l'investissement n'en serait pas infini pour autant, rencontrant une « limitation technique » dans les possibilités physiques d'investir. Limitation « technique », et non limitation « financière » par la capacité d'épargne disponible, car cette dernière, si elle doit bien finalement (*ex post*, disait Myrdal) être égale à l'investissement initial *(ex ante)*, n'a pas, dans une économie monétaire, à préexister par rapport à l'investissement pour que ce dernier soit possible. C'est au contraire l'investissement lui-même qui engendre une épargne d'un montant identique, et l'ajustement s'accomplit au travers des variations du revenu global par le processus du multiplicateur.

E) *Le processus du multiplicateur.* — Le multiplicateur keynésien doit être compris comme un « processus dynamique », sous peine d'apparaître comme une tautologie. L'idée a été empruntée par Keynes à Richard. F. Kahn qui, dans un article de l'*Economic journal* de juin 1931 : « La relation entre l'investissement intérieur et l'emploi », avançait que la création d'emplois « primaires », à l'occasion de travaux publics par exemple, engendrait dans les autres industries un accroissement cumulatif d'emplois « secondaires », le « multiplicateur d'emploi » mesurant le rapport des uns aux autres.

Par analogie, un flux monéraire initial de dépenses d'investissement (financé par la déthésaurisation ou le crédit pur et simple) engendrera — à condition que l'économie soit en situation de « sous-emploi » des équipements et de la main-d'œuvre — un accroissement cumulatif des revenus distribués. En une première vague, en effet, une dépense initiale d'investissement (ΔI) entraînera un accroissement de revenu distribué (ΔR_1) égal à (ΔI). Cet accroissement de revenu donnera naissance à un supplément de consommation (ΔC_1) tel que : $\Delta C_1 = c.\Delta R_1$, où c est la propension marginale à consommer de la collectivité nationale. A condition que la capacité d'offre soit en mesure de répondre à ce surcroît de demande, d'où la condition nécessaire du sous-emploi, ce supplément de consommation se traduira par une nouvelle vague de distribution de revenus d'égal montant, soit : $\Delta R_2 = c\,\Delta R_1$, engendrant à son tour une consommation supplémentaire $\Delta C_2 = c\,\Delta R_2$ qui élèvera encore le revenu de : $\Delta R_3 = c(c.\Delta R_1) = c^2.\Delta R_1$, et ainsi de suite...

L'augmentation cumulée du revenu s'exprime donc sous

la forme d'une progression géométrique telle que : $\Delta R = \Delta I + c\,\Delta I + c^2\Delta\,I +$ etc., dont la limite tend (c étant compris entre 0 et 1, comme on l'a vu plus haut à propos de la fonction de consommation) vers : $\Delta R = \Delta I . 1/(1 - c)$. Le rapport : $1/(1 - c)$ est appelé *multiplicateur d'investissement k*, indifféremment écrit par rapport à la propension marginale à consommer : $k = 1/(1 - c)$ ou par rapport à la propension marginale à épargner (complément à 1 de la précédente) : $k = 1/s$. Au total donc le revenu, suite à une dépense initiale d'investissement ΔI, s'est accru de $\Delta R = k\Delta I$, ce qui engendrera *ex post* une épargne : $\Delta S = s . \Delta R$, soit : $\Delta S = s . k . \Delta I$; et comme $k = 1/s$ on vérifie bien finalement que $\Delta S = \Delta I$. Le processus serait parfaitement symétrique avec une réduction de la dépense initiale d'investissement ($-\Delta I$) : des investissements en moins par rapport à la période antérieure entraînant une diminution plus que proportionnelle du revenu et donc une réduction d'épargne $-\Delta S = -\Delta I$. L'investissement et l'épargne, dans un circuit dynamique, sont bien toujours égaux, soit en expansion, soit en diminution.

Ce mécanisme prouve donc que l'investissement peut s'établir, en regard de l'épargne, à un niveau quelconque ; il ne dépend que de la comparaison entre le taux d'intérêt monétaire et l'efficacité marginale du capital, comme on l'a vu et, par conséquent, rien ne garantit qu'il vienne « combler l'écart grandissant entre l'offre globale et la dépense de consommation aux yeux des producteurs.

F) *Le niveau de production engagé et l'emploi offert.* — Les producteurs, dont les décisions constituent le moteur du système économique, ne vont engager un niveau de production — rendant leur profit maximum — qu'en fonction de leurs prévisions sur la demande effective, autrement dit, en fonction des dépenses de consommation d'une part, et d'investissement d'autre part, qu'ils anticipent. Le montant du revenu national distribué en découle directement, ainsi que le niveau d'emploi offert.

Keynes, en effet, fait dépendre directement l'emploi de la production. La fonction d'emploi qu'il utilise implicitement est l'inverse de la fonction de production. Elle indique la quantité de travail requise pour réaliser un niveau de production prédéterminé. Or le raisonnement keynésien se déroule dans le court terme ; cela signifie que le délai n'est pas suffisant pour procéder à des substitutions techniques dans l'utilisation des facteurs de production. Le coefficient d'emploi (cf. *supra*, p. 73) L/Y est donc constant. Voilà pourquoi l'emploi offert découle directement du niveau de production, sans aucun ajustement de marché entre une offre de travail et une demande de travail comme dans l'analyse néo-classique.

Le chômage, résultante du système keynésien (d'où l'ordre des mots dans le titre même de la *Théorie générale de l'emploi*, etc.), est une simple différence entre ce niveau d'emploi offert et la population active disponible (donnée exogène). La probabilité est faible pour que le niveau d'emploi offert corresponde juste à la population active disponible (chômage nul ou plein emploi) : s'il lui est supérieur, les producteurs devront nécessairement réviser leurs ambitions de production en baisse ; s'il lui est inférieur, hypothèse la plus vraisemblable pour Keynes, il existera un chômage permanent. Ce chômage permanent n'est pas dû à des exigences inconsidérées en matière de salaire de la part des travailleurs (conception néo-classique du chômage « volontaire » de Pigou que Keynes entend réfuter), et une baisse des salaires, si tant est qu'elle soit envisageable compte tenu des réactions des salariés, ne résoudra pas le problème, tant que les prévisions sur le niveau de la demande effective seront insuffisantes pour assurer le plein emploi.

G) *Chômage, salaire et prix.* — Cette baisse des salaires est, de toute manière, impossible en termes nominaux, compte tenu de l'organisation syndicale des travailleurs dans l'économie moderne. Le salaire nominal est donc, autrement dit, rigide à la baisse ; et Keynes propose d'ailleurs d'utiliser *l'unité monétaire de salaire* comme unité de compte (numéraire) pour évaluer les agrégats du système. C'est, ainsi que le dira Hicks, une substitution du « Labour standard » (étalon-travail) — il aurait été plus juste de dire « Wage standard » (étalon-salaire) — au « Gold standard » (étalon-or). Cette proposition n'est pas une simple convention comptable, mais débouche sur l'explication des mouvements de prix. Tant que le salaire nominal reste stable, ce qui sera le cas si le chômage est à un niveau élevé, décourageant les revendications salariales des syndicats, les prix seront également stables, même si la quantité de monnaie s'accroît. Cette injection monétaire, à condition que l'on n'ait pas atteint le niveau de la trappe à liquidités, abaissera en effet le taux d'intérêt, ce qui relance l'investissement et met en mouvement le processus du multiplicateur. Or, tant que l'on est en sous-emploi, la demande supplémentaire qui en résulte trouve devant elle une offre capable de lui répondre, et il n'y aura donc pas inflation.

Ce n'est que si le chômage est réduit : plein emploi ou « voisinage du plein emploi », que les salaires nominaux s'élèveront par satisfaction de revendications salariales des syndicats, alors en position de force (4). Les salaires entraîneront les

(4) Cette relation inverse entre les variations du taux de chômage et les variations du taux de salaire nominal est appelée « Courbe de Phillips », depuis les travaux empiriques présentés à ce sujet par A. W. Phillips, en 1958, concernant le Royaume-Uni, sur la période longue 1861-1957.

prix à leur suite car la hausse de la demande qui en résulte se heurte au goulet d'étranglement d'une capacité d'offre pleinement employée. La question qui se pose alors est de savoir si ce sont les salaires nominaux qui s'élèveront plus vite que les prix (amélioration du pouvoir d'achat : le salaire « réel »), ou l'inverse (baisse du salaire réel). La réponse de Keynes est en faveur de la seconde éventualité, ce qu'il traduit par : « L'élasticité du salaire nominal par rapport aux variations de prix est inférieure à 1. » Cette condition lui paraît nécessaire parce qu'il fait sienne l'hypothèse des rendements décroissants. Par conséquent, comme il considère, toujours en filiation directe de l'analyse néo-classique, que les entreprises ne peuvent payer des salaires réels qu'en proportion de la productivité marginale du travail, si cette dernière s'abaisse, avec l'accroissement général de l'emploi, le salaire réel devra être diminué en conséquence.

« L'optimisme » de Keynes, pour les salariés, est donc relatif. S'il conclut bien à la possibilité de résorber le chômage par des mesures appropriées de soutien de la demande effective : redistribution des revenus pour augmenter la propension moyenne à consommer de la collectivité, baisse du taux d'intérêt pour relancer l'investissement, dépenses publiques, etc., qui accroîtront donc, à la fois, l'emploi global et le revenu national distribué en conséquence, le prix à payer pour que des travailleurs nouveaux venus trouvent place sur le marché du travail est que ceux qui avaient précédemment un emploi subissent une réduction de leur taux de salaire en termes de pouvoir d'achat.

Ce raisonnement est, bien entendu, un raisonnement de court terme (seul horizon de la *Théorie générale*) ; c'est dans le cadre des modèles de croissance post-keynésien qu'il sera élargi temporellement.

2. **Reformulation hicksienne du système keynésien.** — Un an à peine après la publication de la *Théorie générale*, J. R. Hicks proposait une reformulation du système keynésien, réintégrant le concept de marchés interdépendants, dans un article de la revue *Econometrica*, paru en 1937, sous le titre : « Mr. Keynes and the Classics ». Ce modèle, ultérieurement perfectionné par des auteurs tels : A. H. Hansen, P. A. Samuelson, L. R. Klein et plus encore : O. Lange, D. Patinkin, F. Modigliani... allait servir de base à la vulgarisation universitaire du keynésianisme, et à la présentation formalisée des controverses entre Néo-Classiques et Keynésiens sur l'efficacité comparée des politiques économiques (monétaire et budgétaire, principalement).

A) *Le modèle IS-LM.* — *Dans sa version d'origine*, le modèle repose sur la définition de deux courbes (d'où son nom) :

— L'une *IS*, ou « investissement-épargne », qui traduit les différents niveaux d'équilibre sur le marché des biens et services entre l'investissement (fonction décroissante du taux d'intérêt) et l'épargne (proportionnelle au revenu), est telle qu'en tous ses points : $I(i) = S(Y)$, ce qui définit la courbe IS comme une fonction inverse du revenu national (Y) par rapport au taux d'intérêt (i) ; *inverse* puisqu'une baisse du taux d'intérêt doit entraîner une hausse de l'investissement et donc, *via* le multiplicateur, du revenu national.

— L'autre *LM*, dite « liquidité-monnaie », traduit la relation entre les deux composantes de la demande de monnaie keynésienne : demande-transaction proportionnelle au revenu $M_1(Y)$, demande-spéculation fonction du taux d'intérêt $M_2(i)$, sur le marché de la monnaie. Pour une offre de monnaie donnée, l'équilibre monétaire est :

$$M_1(Y) + M_2(i) = \text{Cte} ;$$

d'où l'on déduit que, le revenu national s'accroissant — donc les encaisses de transaction également —, la monnaie disponible à des fins de spéculation se réduit, provoquant une hausse du taux de l'intérêt. Ceci définit LM comme une fonction croissante du taux d'intérêt (i), par rapport au revenu national (Y).

Dans le modèle généralisé, à ces deux grands « marchés » :

biens et monnaie, on adjoint aussi celui du travail et même, éventuellement (Patinkin), celui des titres. En s'en tenant à la prise en compte des trois marchés principaux (les deux précédents et celui du travail), il faut donc introduire l'offre d'emploi N_D (ou demande de travail) qui, comme on l'a vu, découle directement de l'inversion de la fonction de production ($Y = F(N)$, avec égalisation de la productivité marginale : $F'_{(N)}$ et du taux de salaire réel : w/p), ainsi que la demande d'emploi (ou offre de travail) N_0, fonction du seul salaire nominal w. En combinant les trois marchés, ce qui graphiquement se fait par un diagramme emboîté, l'intersection de IS et LM détermine le revenu national d'équilibre Y_e fonction du taux d'intérêt d'équilibre i_e. De Y_e on peut donc déduire l'emploi offert N_{De} pour un taux de salaire réel d'équilibre $(w/p)_e$ et le confronter à la demande d'emploi N_0, fonction de w : salaire nominal. Si, comme il est probable, N_{De} est inférieur à N_0 on aura un chômage permanent ou « équilibre de sous-emploi ».

B) *Les rigidités keynésiennes.* — La résorption de ce dernier, suivant les mécanismes néoclassiques bien connus du système d'équilibre général, pourrait se faire : sur le marché des biens, par un ajustement du taux d'intérêt égalisant à un autre niveau épargne et investissement ; sur le marché de la monnaie, par une variation du niveau général des prix (théorie quantitative), rapprochant alors encaisses désirées et monnaie disponible ; sur le marché du travail, par un ajustement du taux de salaire réel résorbant finalement l'excès d'offre de travail. S'il n'en n'est pas ainsi, dans le système keynésien reconstruit, c'est en raison des trois « rigidités » explicitement introduites par Keynes : la limitation technique de l'investissement, la trappe à liquidités, l'inélasticité à la baisse des salaires nominaux. C'est donc là une présentation, en termes parfaitement néo-classiques, d'une économie de marchés interdépendants. Keynes, rapporte-t-on, lorsqu'il prit connaissance de la reformulation de Hicks répondit : « qu'il n'avait presque aucune remarque critique à formuler »... est-ce à dire qu'il s'y reconnaissait ?

C) *La « synthèse » néo-classique.* — Dans ce même cadre d'analyse, on peut réintroduire les hypothèses néo-classiques habituelles : absence d'illusion monétaire sur le marché du travail (les salariés sont donc attentifs à leur salaire réel et non pas seulement à leur salaire nominal) ; demande d'encaisse monétaire insensible au taux d'intérêt (il n'y a donc plus de motif de spéculation) ; épargne dépendant du taux d'intérêt et non du niveau du revenu. On retrouve alors tous les ajustements « automatiques » précédents.

De même, si l'on cherche à étudier les effets de la politique économique, une politique monétaire déplacera la courbe LM, tandis qu'une politique de dépense publique (budgétaire) affectera IS. Dans les hypothèses keynésiennes, la politique monétaire ne sera pas toujours efficace, du fait de la trappe monétaire, tandis que la politique budgétaire le sera, du moins tant que la barrière du plein emploi ne sera pas atteinte. Dans les hypothèses néo-classiques, la politique monétaire aura bien pour effet d'élever le revenu national en valeur, mais cette progression se traduira plus par une hausse des prix que par un accroissement effectif de volume d'activité. Quant à la politique budgétaire, elle sera inefficace, car les dépenses publiques d'investissement ne feront que se substituer à des dépenses privées équivalentes, à partir d'un niveau d'épargne disponible considéré comme préalablement donné. Il s'agit là, dans tous les cas, de politiques conjoncturelles, car la prise en compte du processus de croissance nécessite un dépassement du cadre d'analyse keynésien initial.

III. — Les modèles de croissance

Keynes, en voulant expliquer un *état* de sous-emploi, à un moment donné, s'était limité à une théorie entièrement située dans le court terme. Ses successeurs, en élargissant le cadre temporel de référence, ont étendu l'analyse à la prise en compte des conditions d'une croissance économique équilibrée et des fluctuations qui l'accompagnent. Au modèle keynésien de base, sans processus interne d'ajustement spontané, ont succédé les modèles néo-cambridgiens, régulés par les mécanismes de la répartition des revenus, et néo-classiques, auto-équilibrés grâce à la substitution entre facteurs de production.

1. Le modèle post-keynésien de base. — A) *Le modèle de E. D. Domar* (1947). — C'est, à la lettre, le plus fidèlement keynésien. Il s'appuie sur la distinction des deux effets de l'investissement.

Le premier correspond à l'effet de revenu, c'est-à-dire au processus de multiplication qu'il engendre. Comme nous l'avons vu, l'accroissement cumulé des revenus dépend des variations de l'investissement et est finalement égal à : $\Delta Y = (1/s)\,\Delta I$, où s est la propension marginale à épargner, complément à 1 de la propension marginale à consommer ($s = 1 - c$). Le second peut être appelé effet de capacité et mesure l'accroissement de la capacité productive qui découle du montant de l'investissement considéré. Keynes, dans une stricte analyse de court terme, négligeait volontairement cet aspect, quand il considérait indifféremment des investissements productifs ou non (creuser des trous dans le sol, etc.). Mais il doit être réintroduit dans une optique de croissance économique à plus long terme. Si l'on désigne par σ le coefficient qui traduit la productivité moyenne d'un capital nouvellement investi, l'accroissement potentiel de la production peut être mesuré par : $\Delta Y = I\sigma$.

Pour qu'il y ait croissance équilibrée, il faut que les revenus supplémentaires engendrés par l'effet multiplicateur permettent d'absorber la production supplémentaire obtenue, et réciproquement. Autrement dit, que l'effet de revenu soit égal à l'effet de capacité, ce qui s'écrit : $(1/s)\,\Delta I = I\sigma$. D'où l'on tire : $\Delta I/I = s\sigma$, définissant le taux de croissance d'équilibre de l'investissement.

Or, il n'y a aucune raison pour que la relation précédente soit vérifiée. L'investissement, l'épargne et la productivité du capital sont trois variables indépendantes, et aucun mécanisme interne de rééquilibrage n'est susceptible de se développer spontanément. On retrouve ici la contestation fondamentale du keynésianisme devant l'existence éventuelle de mécanismes autorégulateurs de l'économie de marché. Il est donc probable que la croissance sera déséquilibrée : soit parce que l'effet de revenu sera supérieur à l'effet de capacité ($\Delta I/I > s\sigma$) engendrant des tensions inflationnistes ; soit, ce qui paraît plus vraisemblable à Domar, frappé par le souvenir de la grande crise, parce que l'effet de capacité sera supérieur à l'effet de revenu ($\Delta I/I < s\sigma$), une tendance excessive à l'épargne (s élevée) conduisant le capitalisme dans la voie d'une contradiction continue et finalement d'une stagnation inéluctable.

B) *Le modèle de Harrod* (1939 ; 1948). — Si l'approche de Harrod paraît moins fidèle à l'analyse keynésienne, elle l'est fondamentalement dans l'esprit — ce qui n'est pas surprenant, venant de l'un des plus proches disciples de Keynes — par le rôle central que jouent les prévisions des entrepreneurs. En effet, dans la *Théorie générale*, deux états de la prévision étaient distingués : la prévision à court terme, tout d'abord, qui porte sur une appréciation de la demande effective et conduit à la mise en œuvre d'un volume de production (et d'emploi) déterminé ; la prévision à long terme, ensuite, qui s'applique à l'évaluation des rendements futurs du capital investi, autrement dit, à son efficacité marginale, et détermine la décision d'investir. L'originalité de la démarche de Harrod va être de synthétiser ces deux états, en faisant dépendre la décision d'investir des prévisions des entrepreneurs sur l'évolution de la demande effective. Il renoue ainsi avec les travaux de Clark et Aftalion et le principe d'accélération (cf. *supra*, p. 72).

L'accélérateur (β) est le coefficient qui relie le volume de la capacité de production dont désirent disposer les entreprises (noté K^*, et souvent désigné par « stock de capital désiré ») au niveau de la demande anticipée (notée Y^*). Soit $K^* = \beta Y^*$. En supposant que β reste constant, un accroissement de la demande anticipée ΔY^* conduira à un accroissement de la capacité de production désirée de $\Delta K^* = \beta \Delta Y^*$; ΔK^* n'est autre que l'investissement souhaité par les entreprises, que l'on peut écrire : $I^* = \Delta K^* = \beta \, \Delta Y^*$. Il apparaît ainsi une nouvelle fonction d'investissement, où la décision d'investir dépend directement des prévisions sur la demande future, et non, comme dans la *Théorie générale*, de la comparaison de l'efficacité marginale du capital et du taux d'intérêt. Il en résulte une double liaison entre l'investissement et le revenu national.

La première, au stade de la prévision, est donc celle de l'accélérateur ($I^* = \beta \, \Delta Y^*$). La seconde, une fois le processus accompli, reste toujours celle du multiplicateur ($\Delta Y = (1/s) . \Delta I$). Pour que la croissance soit équilibrée, il est nécessaire que les prévisions des entrepreneurs soient vérifiées, autrement dit que $\Delta Y = \Delta Y^*$, et que l'investissement souhaité I^* soit bien réalisé, soit $I^* = I$, d'où l'on tire, en remplaçant par leur valeur : $\Delta I / I = s/\beta$, formule très voisine de celle de Domar si l'on rapproche σ et $1/\beta$.

Mais, ici encore, il n'y a aucune raison *a priori* pour que l'investissement et, par suite, la production s'accroissent précisément au taux s/β, dit par Harrod : « taux de croissance garanti », qui assure l'équilibre. Il est vraisemblable, au contraire, que des déséquilibres apparaîtront. Ou bien, en effet, l'accroissement du revenu effectif se révélera supérieur à ce qui était prévu ($g > s/\beta$). Les entrepreneurs voudront alors accroître leurs investissements. Mais, ce faisant, à travers l'effet multiplicateur, ils vont donner naissance à une nouvelle augmentation du revenu national, et l'écart entre ce qu'ils ont prévu et ce qu'ils ont provoqué s'accroîtra encore. De là un nouvel effort d'investissement et l'expansion cumulative de la production se poursuivra jusqu'à atteindre le plein emploi, où elle dégénérera en une inflation déclarée. Ou bien, à l'inverse, les prévisions initiales s'avéreront trop optimistes ($g < s/\beta$) ; dans ces conditions, les entrepreneurs vont réduire les investissements. Il s'ensuit, toujours par l'effet multiplicateur, une diminution des revenus distribués ce qui sera, l'amorce d'un autre processus cumulatif : de dépression cette fois.

En outre, même si le revenu national progresse bien au taux de croissance garanti ($g = s/\beta$), rien n'assure qu'il suffise à absorber toute la main-d'œuvre disponible qui s'accroît pour sa part au taux « naturel » (démographique) n. La condition de croissance équilibrée *de plein emploi* est donc plus stricte encore : $g = s/\beta = n$, et comme s, β et n sont des grandeurs indépendantes, il est fort peu probable qu'elles s'établissent spontanément dans les proportions requises pour que l'équilibre macroéconomique soit réalisé.

C) *L'introduction des fluctuations dans le modèle accélérateur-multiplicateur.* — Algébriquement, le modèle de Harrod s'exprime par trois relations sans décalage entre les variables :

$$Y_t = C_t + I_t \qquad [1]$$

identité entre le revenu national et la dépense effective ;

$$C_t = (1 - s)\, Y_t \qquad [2]$$

fonction de consommation, d'où découle le multiplicateur ;

$$I_t = \beta\, \Delta Y_t = \beta(Y_t - Y_{t-1}) \qquad [3]$$

fonction d'investissement prenant en compte l'accélérateur.

En reportant [2] et [3] dans [1], il vient :

$$Y_t/(Y_{t-1}) = \beta/(\beta - s) = \text{Cte.}$$

Le revenu varie donc de façon linéaire : croissant ou décroissant. Il en est de même si l'on introduit un décalage de « type Robertson » (5) dans la fonction de consommation :

$$C_t = (1 - s)\, Y_{t-1} \qquad [2']$$

Il vient alors : $Y_t/(Y_{t-1}) = (\beta - c)/(\beta - 1) = \text{Cte.}$ Par contre, dès que l'on affecte la fonction d'investissement d'un décalage d une période du type :

$$I_t = \beta(Y_{t-1} - Y_{t-2}) \qquad [3']$$

on obtient une équation aux différences finies sans second membre du deuxième ordre : $sY_t - \beta Y_{t-1} + \beta Y_{t-2} = 0$. Aux racines réelles correspondront alors des mouvements monotones, et aux racines imaginaires des mouvements oscil-

(5) Robertson considère en effet que l'on consomme à une période donnée (un mois par exemple) le revenu perçu à la période précédente.

lants. C'est ainsi que l'éventualité de l'apparition de fluctuations cycliques est théoriquement démontrée.

Des variations peuvent être introduites en considérant un double délai, à la fois dans la fonction d'investissement et dans la fonction de consommation (exemple célèbre dit *du modèle de l'oscillateur de Samuelson* (1939), ou encore des décalages d'une ou plusieurs périodes, identiques ou différents, dans l'une ou l'autre de ces fonctions...). Sur ce mécanisme de base a pu être greffée la prise en compte de facteurs complémentaires comme dans :

— *Le modèle d'oscillations « avec butoirs » de Hicks* (1950), les butoirs étant constitués par un « plafond » que le revenu national ne peut pas dépasser (le plein emploi des facteurs de production) et un « plancher » en dessous duquel il ne peut pas chuter du fait des investissements autonomes (ceux qui n'obéissent pas au seul principe de l'accélérateur, tels les investissements publics).

— *Le modèle d'accélérateur non linéaire de Goodwin* (1951), où le capital s'adapte bien au volume du produit, comme dans le processus de l'accélérateur simple, mais là encore avec des limites . à la hausse, celle de la capacité de production des industries fabriquant les biens d'équipement ; à la baisse, celle du simple non-remplacement des équipements par suppression des amortissements.

— *Le modèle « endogène » de Smithies* (1957), qui définit les points de retournement : hauts, par l'apparition de capacités excédentaires dans le capital productif et bas, par un « effet de cliquet » dans la fonction de consommation (notion empruntée à J. Duesenberry et F. Modigliani).

2. **La réponse néo-cambridgienne.** — La « nouvelle école de Cambridge » (Cambridge, Angleterre) — dont l'auteur le plus représentatif aura été Joan Robinson — va rechercher, dans la prise en compte des mécanismes de la répartition, la possibilité d'une régulation interne du modèle Harrod-Domar.

— *La version de départ* est celle du modèle de croissance de N. Kaldor (1954). Kaldor considère que l'épargne globale S peut être décomposée en une épargne des salariés S_w et une épargne des capitalistes S_π ; la propension marginale à épargner des seconds s_π étant considérée comme supérieure à celle des premiers s_w. Ainsi, pour un même niveau d'activité, le taux d'épargne global peut-il être modifié en fonction de la répartition du revenu national entre salaires et profits (6). Si l'on est au voisinage du plein emploi (blocage de la croissance vers le haut), les tensions inflationnistes provoqueront, suivant les hypothèses keynésiennes, une hausse plus rapide des prix que des salaires, donc un accroissement relatif des profits élevant le taux d'épargne global, ce qui tend à rétablir la condition d'équilibre de Harrod. Inversement, dans un processus cumulatif de dépression, la rigidité des salaires nominaux à la baisse entraîne une diminution relativement plus forte des profits que des salaires, donc une baisse de l'épargne et une hausse corrélative de la consommation, source, ici encore, de rétablissement de l'équilibre.

— *Les versions ultérieures* mettront l'accent sur le rôle essentiel des seuls profits dans le rééquilibrage de la croissance. C'est ainsi que le modèle le plus explicite, parmi ceux qu'a proposés J. Robinson (1966), repose sur un ajustement, par convergence, de la « relation croisée » entre profit et accumulation. Le taux de profit est fonction du taux d'accumulation, suite aux mécanismes de la répartition qui, de par les variations du niveau des prix (comme dans le modèle de Kaldor), réalisent *ex post* l'égalisation de l'épargne à l'investissement. Mais le taux d'accumulation désiré est lui-même fonction du taux de profit anticipé par les capitalistes. L'équilibre stable est atteint lorsque le taux d'accumulation désiré est tel qu'il engendre un taux de profit égal à celui qui est nécessaire pour assurer le financement de ce même taux d'accumulation. Avec le *paradoxe* de L. Pasinetti (1962 ; 1974), on passe d'une répartition « fonctionnelle » (partage salaires-profits) à une répartition « sociale » (partage entre revenu des travailleurs et revenu des capitalistes). Les salariés, dès lors que l'on considère que leur propension à épargner n'est pas nulle, perçoivent une part des profits en rémunération de leur épargne. Mais il apparaît alors que, même dans cette hypothèse, le taux de croissance d'équilibre est égal au produit du taux de profit par la propension à épargner des *seuls* capitalistes. Ces derniers continuent donc de jouer un rôle absolument stratégique pour l'ensemble du système économique.

(6) On retrouve ici une problématique déjà utilisée par M. Kalecki, dès 1935, pour expliquer le cycle par les variations de l'investissement, résultant elles-mêmes du partage entre salaires et profits, compte tenu de la hausse des prix.

3. **La parabole néo-classique.** — L'analyse d'inspiration néo-classique (et donc « libérale ») ne pouvait laisser sans réponse la vision pessimiste des modèles de croissance post-keynésiens.

— *Le modèle de base* sera celui de R. M. Solow (1956), qui retrouve les propriétés autorégulatrices du système dans la possibilité de substitution entre facteurs de production, en parfaite continuité « hayekienne ». Le modèle de Harrod est ainsi contesté en ce qu'il repose sur une relation fixe (β constant) entre le niveau de la production et l'investissement ; ce qui suppose qu'il ne puisse y avoir de substitution du capital à la main-d'œuvre et réciproquement. Si l'on abandonne l'hypothèse restrictive d'une « fonction de production à coefficients fixes », on peut très bien admettre la compatibilité d'une croissance équilibrée et du plein emploi, grâce à des ajustements de prix relatifs conformes aux enseignements de l'analyse néo-classique. Si la main-d'œuvre se trouvait en excès, en effet, il s'ensuivrait du chômage et une tendance des salaires à baisser, ce qui inciterait les entreprises à substituer de la main-d'œuvre à des machines, considérées alors comme trop coûteuses. Inversement, une pénurie relative de la main-d'œuvre, en faisant monter les salaires, incite à remplacer la force de travail par du capital technique. Cela revient à raisonner sur une fonction de production « à substitution », du type Cobb-Douglas (cf. *supra*, p. 54), par exemple. Le coefficient de capital — noté v par Solow — s'adapte jusqu'à ce que la condition d'équilibre de plein emploi de Harrod : $v = s/n$ soit vérifiée. Autrement dit, même si s (propension à épargner de la communauté) et n (taux de croissance de la population active), sont des paramètres prédéterminés, le système est autorégulé par les ajustements du coefficient de capital K/Y.

— *Les variantes* s'attacheront à la durée et aux conditions de ce processus d'ajustement. Il dépend, en premier lieu, du degré de substituabilité, plus ou moins immédiate, entre facteurs de production. Ainsi les modèles de croissance de type néo-classique à « génération » de capital distingueront-ils le cas où les facteurs de production paraissent substituables dans l'ensemble du processus de production (donc aussi bien en ce qui concerne les équipements anciens que ceux qui sont nouvellement mis en œuvre) et celui où la substitution n'est possible que sur les équipements nouveaux, ce qui allongera la durée nécessaire pour le processus d'ajustement. En second lieu, pourra également être pris en compte le progrès technique qui accélère le retour vers une croissance équilibrée et dont on introduira les « effets » dans la fonction de production : soit par la main-d'œuvre (conception dite « au sens de Harrod »), soit par le capital technique (conception dite « au sens de Solow »), soit en tant que facteur de production « autonome » (conception dite « au sens de Hicks »), sous la forme d'une sorte de troisième facteur de production intervenant globalement sur la combinaison productive. En troisième lieu, la réintroduction de la monnaie dans les modèles permet de modifier la relation épargne/investissement (J. Tobin, F. Hahn, D. Patinkin, E. Levhari...) : soit en constituant une absorption improductive de l'épargne (thésaurisation) qui abaisse la capacité d'investir, modèles dit à la Keynes-Wicksell ; soit, au contraire, en dégageant une épargne forcée (*via* l'inflation) qui permet d'accroître l'investissement au-delà du taux d'épargne initial.

— *Le couronnement* du modèle néo-classique, justifiant alors pleinement le qualificatif de « parabole » (au sens apologétique du terme), qui lui est associé depuis les premiers travaux de Solow, est de ne plus seulement se limiter à une analyse positive des conditions de la croissance équilibrée mais, sur un plan normatif, de rechercher les conditions d'une croissance « optimale ». En prenant comme critère d'optimalité la maximation de la consommation par tête (*modèle de Phelps*, 1962), le problème est de maximer $c_t = f(k_t) - s.f(k_t)$, où c_t = consommation par tête, $f(k_t)$ = productivité par tête avec k_t = capital par tête (K/L), $s.f(k_t)$ = épargne par tête, sous la condition de croissance équilibrée précédente : $v = s/n$. On peut encore écrire $v = K/Y$ sous la forme *per capita* : $v = K/L \,/\, Y/L = k_t/f(k_t)$; ce qui donne finalement : $s.f(k_t) = n.k_t$. La solution est donc de la forme (condition de premier ordre) : $dc/dk = f'(k) - n = 0$; soit encore : $f'(k) = n$. Ce qui, dans les conditions de concurrence, où la productivité marginale du capital $f'(k)$ est égale au taux d'intérêt i, se lit : « Le maximum de la consommation par tête est atteint lorsque, dans le système économique, le capital est rémunéré à un taux équivalent à celui de la croissance de la population. » C'est ce que l'on appelle : la *règle d'or* de l'accumulation (7). Il est possible de la formuler, d'une

(7) Retrouvant par là un résultat présenté par J. von Neuman, dès 1932, devant le séminaire C. Menger de Vienne, à partir d'un modèle d'équilibre général avec croissance. Le cheminement vers

autre manière, en repartant de la condition d'équilibre : $v = K/Y = s/n$ et en remplaçant n par i, suivant la solution précédemment établie ; d'où il vient : $i.K/Y = s$, ce qui se lit : « Le taux d'épargne de la règle d'or doit être égal à la part de la rémunération du capital ($i.K$) dans le revenu national (Y) », ou : « la totalité des revenus du capital doit être réinvestie à chaque période » (soit $s_\pi = 1$).

Une fois encore, l'analyse néo-classique fournit l'exemple de sa capacité à intégrer des problèmes nouveaux, sur ses bases habituelles. Mais elle n'en fera pas moins l'objet de vigoureuses critiques méthodologiques, en particulier sur la manière dont est appréhendé le capital ; ce sera l'une des voies explorées par la recherche économique contemporaine.

ce régime permanent de croissance optimale a fait l'objet de travaux détaillés, sous le nom de « théorème de l'autoroute » *(Turnpike)*, principalement de la part de R. Dorfman, P. A. Samuelson et R. M. Solow, à la fin des années soixante.

CHAPITRE IV

LES ANALYSES CONTEMPORAINES : REFORMULATIONS, ÉLARGISSEMENT ET RETOUR AUX SOURCES

Quand on aborde le terrain de la recherche économique contemporaine, il n'est plus possible de donner une vision d'ensemble, même très synthétique, des questions traitées parce que, devant le foisonnement des articles et ouvrages publiés de jour en jour, on ne dispose pas du recul suffisant pour faire un tri. La période actuelle est marquée, depuis le recul du keynésianisme et le regain concomitant des analyses post-walrasiennes aussi bien que ricardiennes et néo-marxistes, par l'effacement de toute théorie véritablement dominante. C'est pourquoi, plus que d'approches « nouvelles », il est fait le plus souvent état de reformulations (ou réinterprétations), d'élargissement (ou d'extension) de l'analyse, voire même d'un retour aux sources, par le regain d'intérêt dont bénéficient les œuvres majeures de Ricardo, Marx, Walras et Keynes, ou encore de Quesnay et d'Edgeworth, auxquels on se réfère désormais plus souvent, qu'à Smith ou Marshall... De façon évidemment arbitraire, dans ce contexte, il faut proposer un choix. Dans le prolongement des trois approches précédentes, nous retiendrons principalement :

— *La théorie du capital et de l'accumulation* qui, reprise de Ricardo et Marx, apporte aussi des réponses à certains problèmes soulevés par l'analyse néo-classique ou post-keynésienne (cambridgienne) ;
— *La théorie de l'équilibre général et du bien-être*, extension et reconstruction des analyses néo-classiques de Marshall et Edgeworth, Walras et Pareto ;
— *La théorie de la monnaie et de l'information* fondant, au confluent de la macro- et de la microéconomie, la problématique actuelle de la dynamique économique.

I. — La théorie du capital et de l'accumulation

Ce premier domaine de la recherche économique contemporaine a fait l'objet de deux séries d'investigations nettement distinctes : l'une, à caractère essentiellement méthodologique, porte sur les problèmes de mesure du capital et leurs implications logiques ; l'autre, beaucoup plus contingente par référence à la conjoncture économique, est une nouvelle tentative d'explication de « la croissance et de la crise du mode de production capitaliste », dans la perspective marxiste.

1. **Les controverses sur la mesure du capital.** — Le point de départ réside dans la critique faite par Joan Robinson, au milieu des années cinquante, du modèle de croissance de Solow en ce qui concerne l'agrégation du capital sous la forme d'un « bien homogène unique » dans la fonction de production macroéconomique. Mais l'apport essentiel devait être celui de Piero Sraffa dans son livre paru en 1960 : *La production de marchandises à partir de marchandises*. Cet ouvrage, présenté comme un pur prolongement des analyses de Ricardo (dont Sraffa a été le rééditeur moderne), est à la base de toutes les discussions récentes, en ce qui concerne tant « la grande contradiction » marxiste sur le passage des valeurs aux prix de production, que les théories de la répartition néo-classique et (néo)-cambridgienne.

A) *De Ricardo à Sraffa.* — La question explicitement soulevée par Ricardo, mais finalement laissée par lui sans réponse (cf. *supra*, p. 16), est celle de l'expression des valeurs d'échange des produits, dès lors qu'entrent des biens intermédiaires (matières premières et équipements) dans le processus de production. Il faut alors tenir compte pour évaluer le coût des produits, non seulement du travail que ces derniers incorporent, mais aussi du taux de profit qui intervient sur les capitaux utilisés, correspondant à des délais de production (ou « détours », suivant l'expression de Böhm-Bawerk) plus ou moins longs. Si une hausse généralisée du salaire advient, la répercussion qui s'ensuivra sur le prix des produits ne sera pas uniforme suivant leur nature plus ou moins capitalistique et de même en sera-t-il, symétriquement, en cas de hausse des profits. Il n'y a donc pas de mesure invariante possible des valeurs, sauf à prendre pour étalon, comme le suggérait Ricardo lui-même, un bien dont la composition en termes de travail et de capital soit constante et corresponde à la « période moyenne de production » du système économique tout entier.

C'est à ce problème que s'attaque à nouveau P. Sraffa. Il démontre la possibilité de construire de façon abstraite une « marchandise-composite-étalon » formée de l'ensemble des produits « fondamentaux » (ceux qui interviennent dans la production d'autres biens et sont eux-mêmes reproductibles, autrement dit les capitaux), combinés dans les mêmes proportions que les produits qui entrent dans leur propre fabrication. Ce « système-étalon » est invariant face à une hausse généralisée du salaire (ou du taux de profit), qui se répercute identiquement sur les intrants *(inputs)* ou les extrants *(outputs)* définissant le système. Il est alors possible d'exprimer, par son intermédiaire, l'ensemble des prix relatifs de l'économie tout entière ; ensemble de prix qui, en termes d'étalon, est donc également invariant devant toute hausse de salaire ou de profit. P. Sraffa démontre ainsi que la valeur du produit total n'est pas modifiée par une hausse, ou une baisse, de la rémunération de l'un des facteurs de production. Le « surplus » produit peut donc être réparti entre profits et salaires (ces derniers n'étant plus considérés comme « avancés » par les capitalistes, conformément aux conceptions classique et marxiste, mais payés *a posteriori*) *dans une proportion quelconque*. Il est donc logiquement prouvé qu'il n'y a pas de règle préétablie de détermination de la répartition des revenus en raison directe, soit d'un taux d'exploitation donné de la force de travail comme dans l'approche de Marx, soit des productivités marginales comme dans l'analyse néo-classique... ce qui conforte les thèses néo-cambridgiennes sur un partage « négocié » du revenu national entre salariés et capitalistes, suivant les rapports de forces du moment.

B) *Des valeurs aux prix de production.* — Pour résoudre la « grande contradiction » d'une péréquation des taux de profit en fonction de la composition organique du capital (cf. *supra*, p. 30), Marx a admis que les prix de production ne reflètent pas directement les valeurs exprimées en termes de temps de travail qu'elles contiennent, mais en dérivent suivant le caractère plus ou moins « capitalistique » des produits. Dans les exemples chiffrés qu'il a proposés à cette fin, une erreur de méthode apparaît à l'évidence si l'on essaye, dans une même équation, d'écrire d'un côté le prix d'un produit et, de l'autre, la valeur qu'il contient en temps de travail. La valorisation des coûts implique en effet que ces derniers soient également exprimés sous forme de prix, car on ne peut pas évaluer différemment le prix de vente d'un bien de production pour celui qui l'a fabriqué et son prix d'achat pour celui qui l'utilise. La solution à ce problème avait déjà été une première fois apportée — mais dans des hypothèses fort restrictives — par L. von Bortkiewicz à Berlin, en 1907, mais était restée sans suite immédiate.

Avec le système de Sraffa, il devient possible de passer des valeurs aux prix et réciproquement. Mais si le taux d'exploitation est apprécié dans « l'espace des valeurs », le taux de profit ne peut l'être que dans « l'espace des prix », et leurs expressions numériques, sauf cas tout à fait particulier, sont donc différentes. Cependant, deux auteurs japonais : M. Morishima et N. Okishio ont démontré, au début des années soixante, que la condition d'existence d'un profit positif dans l'ensemble des branches implique que le taux de plus-value soit également positif, autrement dit, que *l'exploitation existe*. Ce « théorème marxien fondamental » permet donc aux tenants de la théorie marxiste de continuer d'expliquer le profit par l'exploitation. Mais, ainsi que l'a fait remarquer Samuelson, puisque le traitement inspiré par Sraffa n'introduit aucun lien de causalité entre les valeurs et les prix, un tel résultat ne peut pas être considéré comme une « preuve » et la controverse sur les théories de la valeur reste donc entière.

C) *Retour sur la théorie néo-classique de la répartition.* — Devant les critiques de J. Robinson sur l'impossibilité logique, compte tenu de l'hétérogénéité des biens capitaux (diversités des machines, des équipements et des procédés techniques), de retenir un capital K considéré comme une entité unique et dont la valeur puisse être déterminée indépendamment du taux de profit dans les fonctions de production macroéconomiques, P. A. Samuelson (1962) a proposé de raisonner sur un « succédané de fonction de production », susceptible, à la fois, de représenter des technologies à capitaux hétérogènes et de vérifier, cependant, toutes les propriétés d'une fonction de production globale à substitution continue des facteurs. Pour ce faire, Samuelson introduit l'éventualité d'une infinité de techniques, correspondant à autant de combinaisons productives entre un type donné de capital et le travail. Pour chacune d'elles, il construit, à la manière de Sraffa, une courbe représentative de la relation inverse entre taux de salaire et taux de profit (à chaque niveau prédéterminé du salaire s'établit un taux de profit correspondant et réciproquement), qu'il appelle « frontière-prix des facteurs ». En portant sur un même graphique toutes les courbes de frontières-prix des facteurs représentatives de chacune des techniques, il apparaît que les producteurs choisiront, parmi toutes les positions possibles, celles qui associent les taux de salaire et les taux de profit les plus élevés. Ils se situeront donc, graphiquement, sur la « courbe enveloppe » de la frontière-prix des facteurs, réunissant l'ensemble des points les plus éloignés de l'origine des axes. En prenant pour hypothèse que, dans chaque branche de production, bien qu'il existe une infinité de techniques possibles, la combinaison choisie entre capital et travail soit uniforme. les frontières-prix des facteurs sont des droites et la courbe-enveloppe a une configuration convexe, avec en chacun de ses points une pente régulièrement décroissante qui donne la valeur du capital par tête. Alors, les conclusions de la « parabole » néo-classique peuvent être retrouvées : toute hausse relative de la rémunération du travail par rapport à celle du capital conduit à l'adoption d'une technique plus capitalistique et réciproquement. Mais les néo-cambridgiens vont facilement répliquer en montrant que, hors de ces hypothèses très restrictives, un même rapport des taux de rémunération de facteurs peut correspondre au choix de différentes combinaisons possibles du travail et du capital : c'est ce qu'ils appellent la « résurgence des techniques ». La substitution continue entre facteurs de production, en fonction de leurs prix relatifs, n'est donc plus logiquement démontrée, sauf dans les hypothèses tout à fait particulières de Samuelson, qui reviennent à considérer un monde productif où tous les biens requièrent exactement la même quantité de capital et de travail dans leur fabrication et ont le même prix ! Il est donc difficile d'admettre qu'on ne raisonne pas sur un bien capital unique, comme Samuelson prétendait l'avoir fait, pour répondre aux objections de J. Robinson.

2. **Les différents procès de régulation et d'accumulation.** — D'une tout autre nature, ont été

les analyses relatives à la croissance et aux crises du capitalisme, en prolongement des analyses marxistes. D'abord confrontées à l'expansion sans précédent des économies occidentales, dans les décennies cinquante et soixante, elles ont retrouvé, ensuite, un contexte plus conforme aux conclusions du *Capital*. Cette mise à jour théorique n'a pas été développée dans les pays de l'Est, beaucoup plus préoccupés par des problèmes pratiques de gestion, mais en Occident, principalement aux Etats-Unis, en France et en Italie.

De façon très synthétique, on peut dire que deux courants s'entrecroisent dans les nouvelles grilles de lecture du capitalisme contemporain.

— *L'un* s'attache aux formes de la concurrence en opposant capitalisme concurrentiel, auquel la crise des années trente aurait mis fin, et capitalisme monopoliste d'aujourd'hui. C'est la collusion des grandes entreprises et de l'Etat qui a permis de remédier à la crise des débouchés, en absorbant le surplus croissant du système par des « gaspillages organisés », tant de la part des firmes (dépenses publicitaires...) que de l'Etat (dépenses militaires en particulier...), suivant la thèse présentée par P. Baran et P. Sweezy, dans leur livre : *Le capitalisme monopoliste* (1968), concernant le modèle américain. Sous une forme proche, les théoriciens européens du « capitalisme monopoliste d'Etat », qui ont vu dans les politiques globales de type keynésien et dans la prise en charge par les finances publiques d'une part croissante des coûts sociaux une issue temporaire aux contradictions du système, expliquent la crise des décennies soixante-dix et quatre-vingt par une nouvelle « rupture » de ce mode de régulation. La suraccumulation de la période précédente débouche désormais sur une « dévalorisation » du capital (faillites, friches industrielles, chômage, etc.), thème particulièrement développé par P. Boccara dans ses *Etudes sur le capitalisme monopoliste d'Etat, sa crise et son issue* (1974), tandis qu'on assiste, parallèlement, à une véritable remise en cause du consensus social antérieur autour de l'Etat-providence (P. Ingrao ; A. Negri).

— *L'autre* courant centre l'analyse sur les formes du processus d'accumulation dans le mode de production capitaliste. Il distingue accumulation extensive et accumulation intensive. La première correspond à un élargissement du système, dont l'impérialisme a été l'expression la plus manifeste ; impérialisme désormais contesté par la révolte des pays exploités de la « périphérie » face au « centre » développé dominant (A. Emmanuel, S. Amin, M. Hussein...). La seconde repose sur la recherche de marges de croissance internes, tant par le renforcement de l'exploitation lié au « fordisme » (division poussée du travail par sélection des tâches) ou l'avènement d'une consommation de masse, que par la programmation de hausses salariales permettant l'extension régulière des débouchés (M. Aglietta, *Régulation et crise du capitalisme*, 1976).

En combinant les deux approches, « l'école régulationniste » (M. Aglietta, A. Lipietz, M. Boyer et J. Mistral...) propose une « périodisation » du développement capitaliste sur la base de la correspondance entre mode de régulation et régime d'accumulation. Ainsi la croissance du capitalisme apparaît-elle, jusqu'au début du siècle, comme une concordance entre capitalisme concurrentiel et accumulation extensive. La crise des années trente traduit une première rupture, due au passage vers le régime d'accumulation intensive, alors que prédomine encore la régulation concurrentielle. Une autre concordance s'établit grâce au renforcement de la régulation monopoliste ; mais la crise des années soixante-dix montre que le système atteint une nouvelle limite : celle précisément de « l'épuisement de l'accumulation intensive » dont la contestation du procès de travail fordiste et l'enlisement de la productivité dans le tertiaire sont l'expression la plus manifeste (cf. H. Lorenzi, J.-M. Pastré, O. Toledano : *La crise du XXe siècle*, 1978).

II. — La théorie de l'équilibre général et du bien-être

Tout autre est la démarche de la microéconomie moderne qui, indépendamment des contingences et des retournements de conjoncture, poursuit son exploration logique de « l'économie pure », tout en voulant prendre en compte un nombre croissant de problèmes théoriques d'économie appliquée relatifs, par exemple : aux effets d'une imposition, aux procédures de rationnement, à la tarification des services publics, au calcul des redevances antipollution ou grevant l'usage de ressources naturelles, etc. Vu de façon toujours très synthétique, cet effort se traduit par deux démarches concomitantes : la reformulation, qui est ici une véritable reconstruction, de l'équilibre général walrasien dans une économie d'échange et de propriété privée ; l'extension de l'analyse à des phénomènes normalement hors marché, suivant une branche d'analyse appelée à l'origine *économie du bien-être* et plus généralement aujourd'hui *fondements de l'économie publique*.

1. **Reformulation et reconstruction de l'équilibre général.** — Le système de Walras — que certains auteurs anglo-saxons proposent d'appeler système Walras-Cassel, étant donné la présentation simple proposée par ce dernier, dès 1932 (et qui plus est en langue anglaise : *Theory of the Social Economy*, alors que les *Eléments* de Walras ne seront que tardivement traduits par W. Jaffe en 1954) — avait déjà fait l'objet de démonstrations formelles quant à ses conditions d'équilibre par A. Wald et J. von Neumann au début des années trente (déjà cités *supra*, p. 62 et p. 95). Allant plus loin, et toujours à partir des techniques du calcul différentiel, J. R. Hicks dans *Valeur et capital* (1939) et P. A. Samuelson dans ses *Fondements de l'analyse économique* (1947), ont précisé les conditions d'une « stabilité dynamique », c'est-à-dire qui ramène le système vers sa position d'équilibre. Avec ces deux auteurs s'achève la première exploration systématique du système walrasien et la voie était ouverte pour de nouvelles approches.

A) *Le modèle Arrow-Debreu.* — La première reconstruction, beaucoup plus générale dans ses potentialités analytiques, sera, dans les années cinquante, celle de Kenneth J. Arrow et Gérard Debreu (article d'*Econometrica* de juillet 1954 sur : « L'existence d'un équilibre pour une économie de concurrence ») dont une présentation plus complète paraîtra avec le livre de G. Debreu, *Théorie de la valeur*, en 1953, et sera introduite et développée en France par Edmond Malinvaud (1).

— *Le modèle d'origine* s'appuie sur une axiomatique en termes d'ensembles : ensembles de consommation, de production, et de ressources initiales disponibles. Dans une « économie concurrentielle de propriété privée », en considérant seulement comme donnée une relation de préférence (préordre) pour chacun des consommateurs — ces derniers possédant en outre les ressources et les unités de production — il est établi qu'un système de prix d'équilibre existe qui, à la fois, rende maximale la consommation accessible pour chaque individu, maximise le profit des producteurs de chaque produit et épuise la totalité des ressources disponibles. Ceci sous un petit nombre de conditions mathématiques, dont on peut traduire les principales en termes économiques : convexité des ensembles de consommation et de production, où l'on retrouve l'hypothèse de rendements non croissants ; absence de saturation de la consommation ; production irréversible et inexistence de productions libres (c'est-à-dire ne nécessitant aucun intrant).... Formulée le plus simplement possible, la démonstration consiste à montrer qu'il existe une solution telle que, face à un ensemble de prix initialement donnés, les consommateurs et les producteurs en se livrant à un calcul économique d'optimisation aboutissent à des quantités demandées et offertes sur le marché qui s'équilibrent pour des prix identiques à ceux dont on est parti. Mathématiquement, il s'agit donc de trouver des « points fixes de correspondance » dans le système. Cette situation d'équilibre, parfaitement déterminée, peut être élargie temporellement à la prise en compte de transactions futures, à condition que ces dernières soient datées et certaines, sur autant de marchés à terme cor-

(1) Renouant par là avec une tradition de l'économie mathématique toujours vivace dans notre pays avec les « ingénieurs-économistes » des Grandes Ecoles, de Clément Colson, au début du siècle, à Maurice Allais, plus récemment.

respondants ; dans ces conditions, la monnaie joue un rôle très limité dans le système.

— *Les perfectionnements ultérieurs* consisteront, dès la fin des années cinquante (L. W. Mac Kenzie, H. Scarf, etc.), en reprenant la démarche qui avait été celle de Hicks et Samuelson, à prouver non seulement qu'un tel équilibre est possible mais que, étant donné les formes habituelles des fonctions de demande (2), il existe en général au moins un processus dynamique d'ajustement qui y ramène (stabilité de l'équilibre). C'est à explorer de nouvelles voies d'ajustement ou à expliquer les causes de non-ajustement vers cet équilibre — on parle alors de théorie du déséquilibre — que l'on va dès lors s'employer. En introduisant explicitement l'incertitude et le rôle de la monnaie dans des « modèles séquentiels d'équilibres temporaires », l'essentiel des travaux de la lignée walrassienne y sera consacré, tant dans les pays anglo-saxons (F. H. Hahn, F. M. Fisher, R. Radner...), qu'en Allemagne (W. Hildenbrand), au Japon (M. Morishima) (3), ou en France (autour de E. Malinvaud principalement). Ce programme rejoint les travaux post-keynésiens sur les « fondements microéconomiques de la macroéconomie », (cf. *infra*, section III).

B) *Retour à Edgeworth par la théorie des jeux.* — La seconde voie d'analyse rompt avec l'approche en termes de marchés organisés et de prix d'équilibre et repart directement des conditions de l'échange rationnel (cf. *supra*, p. 63), d'où la référence explicite à Edgeworth plus qu'à Walras. La base du raisonnement est de considérer, dans l'échange, des « coalitions » alternatives d'agents qui, à partir de leur ordre de préférence, « bloquent » un certain nombre de situations transactionnelles parmi toutes celles qui sont possibles compte tenu du total des ressources disponibles. Elles ne laissent donc libres qu'une plage de négociation plus ou

(2) Où l'on retrouve l'hypothèse clé des « substituts bruts » : toute demande excédentaire d'un bien se reporte sur un autre.

(3) Ce dernier insistant plus particulièrement sur la prise en compte de l'investissement, dans le système de Walras, pour tenter un rapprochement avec les conclusions de Keynes.

moins étroite, en raison inverse du nombre de participants, appelée dans le vocabulaire de la théorie des jeux : *cœur* de l'économie d'échange (travaux de M. Shubik, H. Scarf, W. Hildenbrand et G. Debreu, au tournant des années soixante). Les potentialités nouvelles de la méthode paraissent résider en ce qu'elle n'implique pas l'existence d'un système de prix explicitement déterminé et qu'elle peut être constamment enrichie par la prise en compte d'un nombre croissant de conditions. On peut ainsi introduire : les différents types de stratégie concevables, les contraintes liées à la production, le rôle de la monnaie et des banques, etc. Le risque théorique est sans doute — même si certains modèles (J. R. Green, A. M. Feldman...) ont prouvé que l'on peut retrouver par cette voie un processus de cheminement vers un équilibre parétien, position de référence clairement définie (cf. *supra*, p. 64) — que l'on aboutisse à une multitude de conclusions particulières, en fonction d'hypothèses initiales plus ou moins arbitrairement retenues, renouant par là avec un « nouvel institutionnalisme » suivant l'expression de E. R. Weintraub. Mais, en contrepartie, on peut ainsi explorer théoriquement des situations qui ne relèvent pas du marché (au sens de l'équilibre général), par exemple : rationnements, échanges non marchands, comportements stratégiques dans le commerce mondial... ce qui explique que, depuis la fin des années soixante, c'est dans cette direction que se soit développé l'essentiel de la théorie de l'échange.

2. **Extension de l'analyse au « hors marché ».** — Simultanément à cet effort de reconstruction, et en complète interférence avec lui, l'analyse microéconomique contemporaine s'est élargie d'une éco-

nomie d'échange et de propriété privée à la prise en compte de problèmes qui ne peuvent être (ou ne sont pas habituellement) résolus « par le marché ». C'est ainsi qu'ont été intégrés de nouveaux types de coûts et d'avantages : *les externalités*, ou encore de nouveaux types de biens et services : *les biens publics*, tandis qu'était perfectionnée *la théorie des choix collectifs*.

A) *Des externalités aux biens publics. — La notion « d'économies ou de déséconomies externes »* a été introduite par A. Marshall, mais c'est dans l'ouvrage de A.-C. Pigou : *L'économie du bien-être (The Economics of Welfare)*, paru en 1920, qu'elle a fait l'objet d'une première exploration systématique. La définition la plus générale que l'on en donne aujourd'hui (E. J. Mishan) est la suivante : « Les externalités sont des effets sur la production et le bien-être qui n'ont pas de prix ou n'en n'ont que partiellement. » Il s'agit donc de tenir compte des retombées sur la situation d'un agent économique de décisions prises par un autre agent, par exemple : les effets bénéfiques sur les commerces d'un quartier de la création à proximité d'un parking accessible au public ou, en sens inverse, des nuisances liées à certaines activités (bruit, pollution atmosphérique, etc.). Ces effets externes n'ayant pas de prix, Pigou considérait alors que les mécanismes du seul marché n'étaient pas à même de réduire les distorsions afférentes au regard de l'optimum paretien. De là, l'appel à l'intervention de l'Etat pour compenser les conséquences de ces « coûts sociaux », à côté des « coûts privés », seuls réglés par le marché.

— *Le problème de la « compensation »* s'ensuit donc immédiatement, où l'on retrouve des analyses déjà présentées par Barone à propos du fonctionnement des économies socialistes (cf. *supra*, p. 64). La difficulté conceptuelle repose sur l'appréciation des avantages et des dommages ressentie par chaque agent économique. Sauf à supposer, comme le faisait Pigou, que les utilités soient directement mesurables en termes cardinaux (les gains et les pertes sont alors immédiatement chiffrables), il faut trouver un procédé de comparaison des utilités interpersonnelles. En raisonnant en termes ordinaux (les préférences), J. R. Hicks, N. Kaldor et H. Hotteling, à la fin des années trente, ont proposé un premier critère simple d'appréciation : le bien-être est accru si ceux qui bénéficient d'une amélioration de leur situation sont prêts à verser une indemnité compensatoire supérieure à celle que réclament les agents qui se considèrent comme lésés ; l'Etat pouvant alors, par l'impôt et les subventions, être l'intermédiaire redistributeur entre les uns et les autres. Mais T. Scitovsky a fait presque immédiatement remarquer que ce traitement n'est logique que si l'on considère la situation antérieure des agents en cause, donc avant compensation, comme étant satisfaisante au départ. La porte était alors ouverte pour deux approches alternatives (qu'il est, à vrai dire, fort difficile de séparer en toute rigueur) : l'une, dite *positive*, se bornant à prendre en compte l'allocation des ressources avec une répartition initiale donnée ; l'autre, dite *normative*, se préoccupant aussi de la redistribution des richesses, à partir d'appréciations fondées sur une notion « d'avantage collectif » qu'il conviendra de préciser. Ce clivage entre « nouvelle » et « ancienne » économie du bien-être se double d'une opposition entre auteurs (tels P. A. Samuelson ou R. A. Musgrave) qui concluent que seul un état bienveillant peut contribuer à résoudre les problèmes en cause, et les « Nouveaux Modernes » (R. Coase, J. M. Buchanan...), fidèles à une tradition non interventionniste, considérant que des arrangements privés sont non seulement possibles, suivant les principes de négociation de l'économie de marché, mais comportent en outre moins de risques de distorsions (effets pervers) que la compensation étatique.

— *La prise en compte des biens collectifs — ou biens publics* — comme l'on dit plutôt aujourd'hui, relève de la même problématique. La question est en effet d'apprécier pour chaque individu l'utilité d'un bien particulier offert ou contrôlé (cas de ressources naturelles) par la collectivité, préalablement à toute décision des autorités responsables et, le cas échéant, à la fixation des tarifs publics afférents. Pour tous les biens dont l'usage est divisible entre les utilisateurs, des simulations en termes de marché sont concevables. Mais le domaine d'élection de « l'économie publique » reste constitué par les biens indivisibles (telles la défense nationale ou la prévention) qui bénéficient à tous, sans exclusion possible. Cette notion avait déjà été mise en avant, dès la fin du siècle précédent, par les écoles italienne (Mazzola et De Viti di Marco) et suédoise (Wicksell et Lindhal), dans la théorie des finances publiques. Mais c'est une nouvelle fois à P. A. Samuelson qu'il revient d'avoir donné la formulation la plus élégante du problème, dans un article de 1954 : « Un bien est dit collectif quand sa consommation (son utilisation) par un individu donné ne diminue en rien la quantité disponible pour un autre individu. » Telle devait être, dès lors, la frontière proposée entre économie publique, relevant d'une gestion et de choix collectifs, et économie privée, relevant des ajustements du marché.

B) *De la révélation des préférences à la rationalité des choix publics.* — *L'indivisibilité des biens collectifs*, garantissant aux agents économiques particuliers qu'ils ne peuvent être exclus d'en bénéficier, conduit ces derniers à ne manifester aucune préférence explicite témoignant de l'intensité de leur demande, voire, au contraire, à dissimuler leur satisfaction, par crainte de devoir contribuer au financement des dépenses publiques afférentes. Cette remarque avait déjà été faite par Wicksell, et est connue dans la littérature économique sous le nom de « problème du cavalier libre » (4). Wicksell pensait d'ailleurs que la difficulté pouvait être contournée en imposant la pratique de décisions à l'unanimité, ce qui contraint chacun à affirmer ses préférences. Les théoriciens contemporains ont repris le problème en cherchant des solu-

(4) Traduction française malencontreuse de *free rider*, désignant, en anglais, celui qui profite d'un moyen de déplacement sans en payer le prix, tel un passager clandestin ou un auto-stoppeur.

tions plus ou moins ingénieuses pour retrouver indirectement l'ordre de préférence du public. Ce peut être, par exemple, en proposant à chaque personne concernée par un choix de s'assurer contre la victoire de la proposition qu'elle estime la moins favorable (E. Thomson) ; en assortissant d'un impôt les résultats d'un vote considéré comme décisif (W. Vickrey) ; en faisant payer à chacun le prix d'un service collectif, non en fonction de ce qu'il déclare personnellement être prêt à verser pour cet usage, mais en se fondant sur les déclarations similaires de tous les autres agents concernés (T. Groves et J. Leylard, repris par J. Green et J.-J. Laffont) ; en procédant à un vote, sur différentes propositions, par vetos successifs de chacun des intéressés (D. C. Mueller) ; ou encore, en progressant par tâtonnements, grâce aux recensements successifs des déclarations de contribution formulées par les agents (E. Malinvaud, J. Drèze, D. de La Vallée-Poussin)... Mais, même à supposer que les préférences des « citoyens » soient ainsi correctement connues, avant toute prise de décision publique, la rationalité de cette dernière n'est pas garantie pour autant.

— *L'agrégation des préférences individuelles* reste, en effet, une difficulté fondamentale, dès lors que l'on abandonne l'hypothèse d'une mesure cardinale des utilités et donc la possibilité de comparaisons interpersonnelles de bien-être. A. Bergson avait proposé, en 1938, de raisonner sur une « fonction de bien-être social » explicitant les jugements de valeur de la collectivité ; ce qui était considéré, jusque-là, comme « allant de soi ». Samuelson en a popularisé l'emploi, sans spécifier d'ailleurs comment on peut établir cette fonction à partir d'une combinaison des préférences de chaque individu. Aussi, dans son livre fondamental de 1951 : *Choix social et valeurs individuelles*, Kenneth J. Arrow devait-il objecter « l'impossibilité » de procéder ainsi, sauf à admettre, précisément, des comparaisons interpersonnelles de valeur, ou encore d'accepter une procédure dictatoriale de choix imposée de l'extérieur. Toutefois, l'interprétation de ce résultat par rapport aux fonctions de bien-être social a fait l'objet d'une controverse qui n'a jamais cessé depuis lors.

— *Les procédures de décision par le vote* sont toutes susceptibles, en effet, suivant les « théorèmes d'Arrow », de conduire à des résultats incohérents ou à une situation de blocage (5). Allant plus loin, A. K. Sen, à la suite de son livre : *Choix*

(5) Généralisant ainsi les remarques faites par Condorcet, dès 1785, mais pour le seul vote majoritaire.

collectif et bien-être social (1970), conclut même à l'impossibilité de concilier des procédures libérales (démocratiques) de choix et un optimum paretien, ce qui le conduit à abandonner la référence à ce dernier. Certains auteurs renchérissent encore sur l'impossibilité de parvenir à une procédure satisfaisante, du fait, en particulier, de comportements stratégiques susceptibles de biaiser les résultats du vote (A. Gibbard, M. Satterthwaite...). D'autres, cependant, retrouvent le choix majoritaire comme solution du « moindre mal » (Th. Shwartz, P. Fishburn, G. Bordes...), ou reviennent au principe wicksellien d'unanimité qui réapparaît, sous des formes plus ou moins élaborées, dans les notions contemporaines de « Contrat social » (J. Rawls, J. Harsany, J. Buchanan, G. Tullock...). On est alors au-delà des limites de la seule économie politique, dans une véritable « science du choix ».

III. — La théorie de la monnaie et de l'information

Ce dernier domaine de recherche est certainement celui qui a le plus occupé le devant de la scène dans la période contemporaine, tant d'un point de vue purement analytique, à la jonction des approches micro et macroéconomiques, qu'en ce qui concerne la conduite des politiques de régulation conjoncturelles. On retrouve cette dualité, aussi bien, pendant les années cinquante et soixante, lorsqu'il s'est agi d'intégrer la monnaie dans les modèles, que, depuis lors, avec la référence explicite à une théorie de l'information sous-jacente.

1. **De l'intégration à la neutralisation de la monnaie.** — C'est au travers d'une approche en termes d'effets de « richesse » et de « substitution » (cf. *supra*, p. 40), induits par les variations de l'offre de monnaie, qu'a été réalisée l'intégration de cette dernière. A la tentative partielle de D. Patinkin ont succédé les généralisations de J. Tobin, K. Brunner et A. H. Meltzer, tandis que, parallèlement mais

de façon beaucoup plus simplifiée, les propositions de M. Friedman débouchaient sur le monétarisme.

A) *L'effet d'encaisses réelles.* — Don Patinkin, dans son ouvrage de base de 1956 : *Monnaie, intérêt et prix*, s'est efforcé d'intégrer la monnaie tant dans le cadre formel du modèle d'équilibre général walrasien, que dans celui de la reformulation par Hicks et Hansen de la macroéconomie keynésienne.

Après avoir une nouvelle fois souligné que Walras n'avait pas mis fin à l'approche dichotomique de la monnaie (6), Patinkin reprend un procédé d'analyse utilisé par Oscar Lange en 1942, et dont la paternité est attribuée à Pigou : « L'effet d'encaisses réelles ». Puisque « avec de la monnaie on achète des biens, mais avec des biens on n'achète pas de monnaie », les agents économiques doivent détenir des encaisses aussi bien pour faire face à l'incertitude des transactions présentes, que pour reporter un pouvoir d'achat d'une période à l'autre. En admettant qu'ils ne soient pas sujets à l'illusion monétaire et ajustent, en conséquence, le montant de leur encaisse désirée sur la valeur nominale des transactions à effectuer, on en déduit l'existence d'une proportionnalité stricte entre demande de monnaie et variation des prix. Ainsi, à partir d'une situation initiale d'équilibre, si l'on suppose que l'offre de monnaie par le système bancaire vient à doubler, les agents économiques qui n'ont, dans un premier temps, aucune raison de conserver la monnaie en excès par rapport à leur situation antérieure, chercheront à dépenser cette « richesse » supplémentaire. Ce faisant ils provoqueront, toutes choses égales d'ailleurs, une hausse équiproportionnelle des prix. Les besoins d'encaisses devront être réajustés et une nouvelle situation d'équilibre s'établira lorsque les prix auront suffisamment augmenté pour que toute la quantité nouvelle

(6) Car l'on aboutit : soit à une indétermination du niveau des prix absolus, si la demande d'encaisses monétaires n'est pas explicitée (système initial de Walras, cf. supra, p. 61) ; soit à une incohérence logique, si elle l'est, car la demande de monnaie est alors considérée comme homogène de degré zéro par rapport aux prix (c'est-à-dire insensible à leurs variations) lorsqu'on la traite en réciproque de l'offre de $n - 1$ autres biens, et homogène de degré 1 (c'est-à-dire directement proportionnelle) par rapport aux variations des prix et de la quantité de monnaie, dans la n-ième équation : équation d'offre — demande de monnaie, ou « équation des échanges ».

de monnaie fasse effectivement l'objet d'une demande. Le raisonnement serait parfaitement symétrique dans l'hypothèse d'une réduction initiale de l'offre de monnaie.

Dans ces hypothèses strictes, on retrouve donc les conclusions de la théorie quantitative qui apparaît ainsi réhabilitée : les variations monétaires sont neutres en ce qui concerne les grandeurs réelles du système ; elles n'ont en fin de compte qu'une influence sur le niveau des prix. La démonstration a été conduite sur la prise en compte du seul effet d'encaisses réelles (ou effet Pigou), que l'on peut considérer, lui-même, comme un cas particulier des « effets de richesse » (de revenu), induits par les fluctuations de l'offre de monnaie.

B) *Généralisation par les effets de richesse et de substitution entre actifs.* — Dès 1952, H. Markowitz, par sa théorie de la « sélection du portefeuille », justifiait la détention de monnaie comme l'un des modes de diversification du patrimoine, en tant que seul actif « certain » : sans rendement, mais aussi sans risque. Dans un article célèbre de 1958 J. Tobin reformulait, en ces termes, le concept keynésien de préférence pour la liquidité. C'était là le point de départ d'une approche, beaucoup plus générale, que l'on allait qualifier de : *New view* (J. Tobin, W. C. Brainard, le Rapport Radcliffe, etc.). La méthode consiste à analyser la relation monnaie-dépense globale au travers de toutes les modifications induites par des impulsions monétaires, tant par les effets de richesse attachés aux encaisses réelles et à la valeur des actifs non monétaires que par les effets de substitution entre actifs, consécutifs aux variations des prix relatifs des biens (actifs réels) ou des titres (actifs financiers).

Dans ce cadre général, l'intégration des secteurs

réel et financier de l'économie repose sur la comparaison du coût du capital existant évalué à partir du cours des actions, d'une part, et de son coût de remplacement apprécié par le prix des équipements nouveaux, d'autre part. C'est le rapport entre ces deux termes (« paramètre *q* » de Tobin) qui détermine l'investissement. Par là l'offre de monnaie est susceptible d'exercer un effet positif sur l'activité économique en affectant, de proche en proche, les marchés financiers. Une politique monétaire active « par les taux », d'inspiration keynésienne, peut donc apparaître ainsi justifiée, telle celle qui sera préconisée pendant l'expérience dite de *New-Economics* des administrations Kennedy-Johnson, au milieu des années soixante (7).

C) *Le monétarisme friedmanien.* — Tout autre est la conclusion de Milton Friedman, fondée pourtant sur une méthode d'approche voisine, en termes d'effets de substitution, mais beaucoup plus simplifiée, ce qui a sans doute contribué à son succès public (8). L'essentiel des propositions initiales du « monétarisme » est exposé dans deux recueils d'articles : *Etudes sur la théorie quantitative de la monnaie* (1956) et *La quantité optimum de monnaie et autres essais* (1959).

Comme celle de n'importe quel autre actif, la demande de monnaie dépend, pour M. Friedman, d'un petit nombre de variables : la richesse totale des agents (définie comme la valeur actuelle de tous les revenus que peuvent recevoir ces derniers, y compris les gains résultant de leurs propres capacités productives : « le capital humain ») ; les prix

(7) Cf. Keynes et le keynésianisme, déjà cité, chap. III : « Le keynésianisme en pratique ».
(8) Cf. dans cette même collection F. Aftalion et P. Poncet, Le monétarisme, 1981.

et rendements respectifs associés aux composantes de cette richesse ; les préférences individuelles enfin. Sans aller plus loin dans l'analyse, M. Friedman postule que la fonction de demande de monnaie, ainsi définie, doit être dotée d'une « certaine stabilité ». C'est ce qu'il s'est efforcé de vérifier, empiriquement, dans la monumentale *Histoire monétaire des Etats-Unis* (de 1867 à 1960), publiée conjointement avec Anna Schwartz, en 1963.

Il en ressort que la demande de monnaie varie bien parallèlement au « revenu permanent » (ou revenu anticipé, approximé par la moyenne pondérée des revenus passés, de façon à gommer les accidents conjoncturels), avec cependant une croissance plus rapide du revenu en longue période. On peut donc dire que la « vitesse de circulation de la monnaie » (rapport du revenu permanent à la masse monétaire) est stable à court terme, mais décroissante à plus long terme. M. Friedman en infère que, pour éviter tout dérèglement inflationniste ou déflationniste, provoqué par les comportements de réallocation des portefeuilles de la part des agents qui réagiraient, ainsi, à un désajustement passager entre demande et offre de monnaie, cette dernière doit être également stabilisée. Telle est la « règle d'or » du monétarisme.

Cette conclusion, d'essence quantitativiste, n'exclut pas toutefois que la politique monétaire puisse avoir des effets passagers sur le niveau réel d'activité et l'emploi. M. Friedman, à la suite de E. S. Phelps, reconnaît en effet l'existence d'une relation inverse entre taux d'inflation et chômage (courbe de Phillips). Cette position ne traduit pas un ralliement, de sa part, aux politiques d'inspiration keynésienne mais, tout simplement, repose sur le constat qu'en situation d'inflation les salaires tardent à s'ajuster sur les prix du fait de l'illusion monétaire temporaire des salariés. La baisse du salaire réel qui s'ensuit stimule l'emploi, conformément à la théorie néo-classique. Mais, dès que les salariés sont en mesure d'ajuster le niveau d'exigence salariale sur le taux d'inflation correctement perçu (9), cet avantage disparaît et l'on retrouve le taux de chômage « naturel » du marché du travail. La seule issue, pour une politique keynésienne, est alors d'accroître encore le taux d'inflation, dans une spirale ascendante prix-salaires qui déjoue les « anticipations adaptatives des agents ». Au bout du compte, le chômage ne sera pas significativement réduit, mais le système aura été désorganisé par un processus inflationniste accéléré qu'il sera fort difficile d'inverser (« désinflation »). C'est donc, déjà, en termes d'information imparfaite qu'est fondée cette interprétation, dite « accélérationniste », de la courbe de Phillips.

2. **De l'information imparfaite aux anticipations rationnelles.** — De façon générale, la macroéconomie moderne est en effet caractérisée par la prise en compte *des coûts d'information* et c'est par là que l'on essaye d'établir ses fondements microéconomiques. Cette démarche est, aussi bien, le point de départ de la théorie du déséquilibre dans le « nouveau courant » post-keynésien, que le fondement logique du postulat des anticipations rationnelles de la « nouvelle macroéconomie classique ».

A) *La théorie du déséquilibre.* — Elle se présente, dans sa version d'origine, comme une *n*-ième réin-

(9) Le raisonnement est le même concernant les réactions des épargnants face au taux d'intérêt. Dans la période de rattrapage, Friedman explique ainsi ce que l'on appelle le « paradoxe de Gibson » : le taux d'intérêt s'élève alors même que l'offre de monnaie s'accroît.

terprétation de Keynes. « La contre-révolution keynésienne », tel est en effet le titre de l'article de base de Robert W. Clower, paru en 1965, qui, avec d'autres contributions du même auteur, jointes à celles d'Axel Leijonhufvud, est au point de départ de l'analyse. Il s'agit de retrouver toutes les conclusions de Keynes : sous-emploi permanent, propension à consommer insuffisante, excès d'épargne liquide, en repartant du système d'équilibre général de Walras ; mais d'un système « monétarisé ». Ainsi seront établis les fondements microéconomiques de la macroéconomie.

— *L'introduction de la monnaie*, dans le système de Walras, est interprétée comme mettant fin au processus de tâtonnement vers l'équilibre à partir des prix criés par le commissaire-priseur et des bons provisoires d'achat (cf. *supra*, p. 62). La monnaie permet en effet de conclure des transactions (« la monnaie achète les biens et les biens achètent la monnaie, mais les biens ne peuvent acheter les biens », comme l'écrit Clower), mais, en l'absence d'information parfaite, ces transactions s'arrêtent avant que le prix d'équilibre de Walras ne soit atteint. Ainsi s'établissent de « faux prix » pour lesquels les quantités offertes et demandées ne sont plus les quantités de l'équilibre général (dites « notionnelles »), l'une étant en excès, l'autre en défaut. En s'alignant forcément sur la seconde, « le côté court du marché », les contractants subissent un véritable phénomène de « rationnement » qui se transmet de marché en marché par un « effet de report ». On peut illustrer le processus par la séquence logique suivante. En partant du marché du travail il s'établit un faux prix, à un taux de salaire supérieur au salaire d'équilibre, qui engendre un chômage permanent. Le rationnement de l'emploi ainsi provoqué se traduit sur le marché des biens et services par une insuffisance de solvabilité de la part des consommateurs, qui ne permet pas d'absorber toute l'offre potentiellement disponible. Ce rationnement de l'offre conduit à une insuffisance de l'investissement par rapport aux capacités d'épargne : excès d'épargne ou rationnement de l'épargne.

Les conclusions keynésiennes sont bien retrouvées, fondées, qui plus est, sur la prise en compte de la monnaie et de l'information imparfaite qui sont deux des clés de la *Théorie générale*. Mais, comme dans le modèle hicksien IS — LM (cf. *supra*, p. 86), le raisonnement est à nouveau conduit en termes de marchés interdépendants, ce qui est étranger à la démarche originelle de Keynes.

— *L'adaptation par les quantités*, et non plus par les prix, est donc la différence essentielle entre le modèle « post-keynésien » du déséquilibre et l'équilibre général walrasien. Il conduit à l'exploration logique de toute une gamme possible « d'équilibres à prix fixes », ou *K équilibres*, suivant la démarche amorcée par R. Barro et H. Grossman, en 1971, et systématisée par « l'Ecole de Paris du déséquilibre » : J.-P. Benassy, J.-M. Grandmont, G. Larroque, Y. Younès et F. Malinvaud... auxquels il faut ajouter J. Drèze, en Belgique. On retrouve ainsi une typologie de situations que l'on peut qualifier de : « chômage keynésien », quand les ménages sont contraints (rationnés) sur le marché du travail et les producteurs sur le marché des biens ; « chômage classique » ou « stagflation » quand il y a excès d'offre sur le marché du travail et excès de demande sur le marché des biens, les ménages étant donc contraints sur les deux marchés alors que les producteurs ne le sont pas ; « inflation réprimée », s'il y a excès de demande sur les deux marchés, les ménages étant contraints sur le marché des biens et les producteurs sur celui du travail... Le caractère généralisateur de cette approche explique son succès en tant que mode d'exposition des différentes situations conjoncturelles, comme cela avait été le cas, en son temps, pour le modèle IS — LM.

B) *La nouvelle macroéconomie classique.* — La nouvelle macroéconomie classique (ou « Monétarisme II », suivant l'expression de J. Tobin, dans sa critique de ce nouveau courant théorique) s'est développée, presque exclusivement aux Etats-Unis, depuis les années soixante-dix, à la suite des travaux de J. R. Lucas, T. J. Sargent, N. Wallace principalement.

La théorie de l'information sur laquelle repose cette approche est déduite du postulat des anticipations rationnelles, formulé par J. Muth, dès 1961 : « Les anticipations, étant des prévisions bien informées des événements futurs, sont fondamentalement identiques aux prévisions issues de la théorie économique. » En conséquence, toute politique économique pertinente, fondée sur la théorie, est parfaitement comprise des agents du système qui s'adaptent en conséquence, car ils disposent des mêmes informations que les décideurs. Il n'y a donc plus ni illusion monétaire, ni anticipations adaptatives à la Friedman, ce qui rend toute politique économique conforme à la norme inopérante. La seule politique efficace pourrait être celle qui, par un effet de surprise, tournerait le dos à la rationalité économique établie. Le résultat serait : soit de déséquilibrer le système, soit de prouver que la théorie était fausse ! Mais, après rectification, on serait bien entendu ramené à l'inefficacité antérieure.

Formellement, ce postulat conduit à admettre l'existence d'une fonction d'offre globale de la forme $Y_t = Y_0 + P^*_t$, où le niveau du produit courant Y_t ne s'écarte du niveau « naturel » Y_0 (correspondant aux conditions structurelles de la production) qu'en fonction des écarts de prix anticipés P^*_t. Si les effets prévisibles sur les prix de la politique monétaire, ou de tout autre politique mise en œuvre, sont correctement appréciés, le résultat final de ces politiques sera donc nul sur le niveau réel d'activité. Mais, réciproquement, on peut aussi expliquer les fluctuations cycliques constatées par des erreurs de prévision. Parce qu'ils ne possèdent pas toute l'information nécessaire, les agents économiques sont susceptibles d'assimiler, à tort, une hausse générale de tous les prix absolus à une augmentation du prix relatif des biens qu'ils vendent, et la production globale dépassera alors le niveau qu'elle aurait dû atteindre sur des bases correctement anticipées. De façon symétrique, la production globale décroîtra si le niveau général des prix s'avère finalement moins élevé que celui que les agents avaient prévu au départ. Sur ces bases, en introduisant seulement deux postulats supplémentaires — les prix sont suffisamment flexibles pour que offres et demandes s'équilibrent sur les marchés, les agents du système se livrent à des calculs rationnels d'optimisation compte tenu de l'information dont ils disposent — on peut construire toute une série de modèles macroéconomiques utilisant des techniques économétriques de plus en plus élaborées.

Les « Nouveaux-Classiques » occupent ainsi le terrain laissé largement ouvert du fait des échecs successifs des grands modèles de prévision, tant d'inspiration keynésienne que monétariste.

CONCLUSION

Depuis sa consécration en tant que discipline autonome, il y a un peu plus de deux siècles, l'économie politique a accumulé un impressionnant fonds scientifique, patrimoine commun des économistes de toutes tendances. La théorie économique n'est pas, pour autant, une théorie intégrée. En effet, sans oublier l'approche que l'on peut qualifier aujourd'hui de structurale et qui, comme l'historisme ou l'institutionnisme, n'a pas été abordée dans cet ouvrage, l'analyse économique reste développée sur trois niveaux différents.

Le premier correspond à une approche *socio-économique* qui s'appuie sur la définition, dès le départ, de catégories sociales distinctes entre lesquelles se déroule le jeu économique. L'analyse du processus de la répartition est alors la préoccupation essentielle. On retrouve ici, aussi bien, la démarche des Physiocrates, avec les trois « classes » distinguées par Quesnay, que celle des Classiques et de Marx, opposant propriétaires fonciers, capitalistes et salariés, ou encore, celle de la nouvelle école de Cambridge qui ne retient plus que les deux dernières des catégories précédentes.

Le deuxième niveau est celui de la *microéconomie*. En se fondant sur la seule logique de comportement des agents du système, il s'agit de démonter, puis de reconstruire pas à pas ce dernier, en s'appuyant sur les lois fondamentales qui régissent l'allocation optimale des ressources dans un univers de rareté. Avec cette méthode, principalement déductive et abstraite, la logique formelle prime sur la vérification empirique : « l'infirmabilité des théories » étant, d'ailleurs, le plus souvent, impossible.

Le troisième, enfin, est celui de l'approche *macroéconomique*, la plus récemment apparue. A partir de grandeurs observables et mesurables (les agrégats), dont les fondements logiques ne sont pas nécessairement explicités, on se propose de déterminer le niveau global d'activité et de rendre compte des tensions qui l'accompagnent : chômage, inflation, déficit extérieur, etc. L'ambition est, ici, non seulement d'expliquer comment fonctionne le système mais aussi de prendre en compte les politiques économiques afférentes.

Dans le cadre propre à chacune de ces approches, la confrontation est possible. De Ricardo et Marx à Sraffa, de Walras-Pareto à Arrow-Debreu, de Keynes à Clower ou de Tobin à Lucas... Les controverses ont un « sens » et la théorie donne vraiment l'impression d'avancer. Mais, d'un niveau à l'autre, la discussion est moins aisée et même, en toute rigueur, impossible.

Voilà pourquoi l'abord de la science économique contemporaine est si déroutant. On pourrait rêver d'un cadre d'analyse unifié, sécurisant pour ceux qui la découvrent. Force est de reconnaître qu'il n'en est pas, pour l'instant, ainsi.

BIBLIOGRAPHIE
(principalement en langue française)

1° SUR L'HISTOIRE DE LA THÉORIE ÉCONOMIQUE

Les deux ouvrages fondamentaux, désormais traduits en français, sont :

Blaugh (Marc), La pensée économique, origine et développement, Economica, 1981.
Schumpeter (Joseph A.), Histoire de l'analyse économique, 3 vol., Gallimard, 1983.

Des développements analytiques sont également présents dans les manuels d' « Histoire de la pensée » qui combinent approches théoriques et doctrinales :

Barrère (Alain), Histoire de la pensée économique et analyse contemporaine, 2 vol., Domat-Montchrestien, 5e éd., 1974.
Bourcier de Carbon (Luc), Essai sur l'histoire de la pensée et des doctrines économiques, 3 vol., Domat-Montchrestien, 1971-1974.
Dehem (Roger), Histoire de la pensée économique des Mercantilistes à Keynes, Dunod, 1985.
Denis (Henri), Histoire de la pensée économique, PUF, 6e éd., 1980.
James (Emile), Histoire de la pensée économique au XXe siècle, 2 vol., PUF, 1955.
Piettre (André), Pensée économique et théories contemporaines, Dalloz, 7e éd., 1979.

2° SUR L'ANALYSE ÉCONOMIQUE CONTEMPORAINE

On trouvera d'utiles synthèses relativement à :

a / *La théorie du capital et de l'accumulation*, dans :

Abraham-Frois (Gilbert), Eléments de dynamique économique, Dalloz, 3e éd., 1977.
Barrère (Christian), Kebabdjian (Gérard), Weinstein (Olivier), Lire la crise, PUF, 1983.
Phan (Duc-Loi), Economie de la croissance, Economica, 1982.
Rosier (Bernard), Croissance et crises capitalistes, PUF, 1975.

b / *La théorie de l'équilibre général et du bien-être*, dans :

Mueller (Denis C.), Analyse des décisions publiques, trad., Economica, 1982.
Russel (Robert R.), Wilkinson (Maurice), Microeconomics (A synthesis of modern and neoclassical theory), New York, Wiley & Sons, 1979.
Weintraub (Roy E.), Fondements microéconomiques, trad., Economica, 1980.

c / La théorie de la monnaie et de l'information

Henin (Pierre-Yves), sous la direction de, Etudes sur l'économie en déséquilibre, Economica, 1980.

Lacoue-Labarthe (Dominique), Analyse monétaire, Dunod, 1980.

Meidinger (Claude), sous la direction de, La nouvelle économie libérale, Presses de la FNSP, 1983.

Tobin (James), Réflexion sur la théorie macroéconomique contemporaine, trad., Economica, 1983.

TABLE DES MATIÈRES

Imprimé en France
Imprimerie des Presses Universitaires de France
73, avenue Ronsard, 41100 Vendôme
Octobre 1989 — N° 34 744